Crimes, délits et vies brisées

Caty Richard

En collaboration avec Catherine Siguret

Crimes, délits et vies brisées

Les combats d'une avocate éprise de justice

Albin Michel

À ceux qui m'ont fait confiance,
et qui ont tous une place dans mon cœur

« Savoir qu'un être au moins respire mieux parce que vous êtes passé en ce monde, voilà ce que j'appelle réussir sa vie. »

Ralph Waldo Emerson

« Qui sauve une vie sauve l'humanité entière. »

Talmud et Coran

« Ce n'est pas en regardant la lumière qu'on devient lumineux, mais en plongeant dans son obscurité. Mais ce travail est souvent désagréable donc impopulaire. »

Carl Gustav Jung

Vis ma vie !

Mon rêve, c'était de faire naître des enfants. À la place, j'en enterre. Je voulais m'occuper de bébés, materner des nourrissons, et je vis dans un monde d'adultes où je suis confrontée aux plus sombres d'entre nous. Il m'arrive de me demander ce que j'ai fait au ciel pour exercer le métier d'avocat pénaliste. Le meilleur travail possible laisse immuablement d'un côté un mort, un viol, une invalidité, un traumatisme, de l'autre un être humain qui, au-delà des faits, part vivre des années derrière les barreaux et laisse invariablement un amour, des enfants, des parents qui le pleurent. J'ai beau me démener pour gagner, je ne ressuscite pas les morts. J'ai beau prendre dans mes bras les endeuillés et les meurtris, je ne ramène pas l'être perdu, la sérénité envolée. Je ne peux pas enlever le mal, et je dois vivre avec son souvenir en passant à la souffrance suivante. Ma tête est peuplée de cadavres, de vies envolées, de corps souillés, profanés, et de photos, souvent insoutenables, figurant au dossier. Je dois pourtant m'y confronter, car elles contiennent une part de la vérité recherchée. Mon quotidien est fait de larmes, et le meilleur des résultats ne réjouira personne, surtout au pénal. Ni la famille de la victime ni celle de l'auteur ne m'associeront à un souvenir heureux. Mes plus beaux trophées sont des lettres de remerciements que je conserve précieusement. Même quand je « réussis un divorce », une partie de l'activité de mon cabinet, les gens, je ne les marie pas ! Si quelqu'un pousse la porte de mon bureau, c'est qu'il endure un drame ou un contentieux qui lui pourrit la vie. Je n'effacerai rien. Je réparerai, un peu. Humainement, je m'y emploie, judiciairement... si la justice suit ! Quand je pense à ce triste sort professionnel, c'est parfaitement désespérant, mais en vérité, j'ai rarement le temps de penser ! Ni le jour – je travaille –, ni la nuit – je travaille... En dehors de quelques heures de sommeil qui me laissent rêver à loisir... de mes dossiers !

Ce n'est pas un métier, c'est une vie. Elle me dévore parce que j'y mets tout mon cœur. Je refuse de choisir entre faire triompher le droit ou l'affect, grand dilemme de certains professionnels du judiciaire. Je n'y vois pas de contradiction. Sans affect, le droit ne me passionnerait pas et le cœur ne me semble pas faire obstacle au cerveau, au contraire. Pour analyser les passions des êtres, pour en décortiquer les vices, l'empathie et la psychologie m'apparaissent comme des vertus cardinales. Entendre le client, l'aider à choisir le meilleur pour lui, le faire parfois évoluer, l'assurer de mon soutien et de mon travail sans lui promettre monts et merveilles ou lui garantir le succès, c'est mon job, avec l'objectif qu'il aille un peu moins mal ensuite, dans deux mois ou dans dix ans.

Un sandwich dans une main, le volant dans l'autre, je roule vers Créteil depuis Pontoise, où je vis et où se trouve mon cabinet principal. Il est treize heures. Le trafic est dense. En « enjambant » les voitures, je pense à Eva, cette jeune fille aux côtés de laquelle je serai cet après-midi, battue et violée à l'âge de treize ans par un garçon de deux ans de plus qu'elle… Je pense aussi à son père, lui-même victime dans sa jeunesse des perversions d'un éducateur, ce qui m'a valu vingt-six ans plus tôt d'être son avocat ! C'est noyé de chagrin et de colère qu'il m'a rappelée, cette fois pour sa fille. Inimaginable. Il s'en veut de n'avoir pas su voir, et souffre d'avoir ensuite trop bien compris. Au point de devoir être hospitalisé en psychiatrie pour dépression… Décompensation.

Le téléphone sonne et la voix de l'une de mes collaboratrices envahit l'habitacle. Une garde à vue est tombée à trois heures du matin dans l'oreille de la préposée à la permanence de nuit. Le cabinet met à disposition une ligne d'urgence, opérationnelle vingt-quatre heures sur vingt-quatre, sept jours sur sept, comme au SAMU. Ma profession aussi est une question de vie ou de mort, au sens strict ou psychique. Le mis en cause m'a désignée pour une affaire assez banale, même s'il n'y a pas à mes yeux de « petite affaire ». Psychiquement, des faits mineurs peuvent dévaster une vie, celle de la victime comme celle de l'auteur. En l'occurrence, cet habitué de mon cabinet risque de se retrouver derrière les barreaux à force de récidives. J'écoute, je conseille ma « collab' » qui va foncer au feu car il est déféré en comparution immédiate, j'attends la copie du dossier, je rencontrerai, dans la première case libre de mon planning, la famille désespérée par cette énième incartade. Tout le cabinet dispose du double de mon agenda.

Sur ce, je mets la radio. J'entends parler de l'affaire brûlante du moment, tiquant au passage sur quelques âneries journalistiques… Suit un procureur qui me fait râler parce qu'il prend parti ou dévoile le secret de l'instruction, ce qui est trop souvent reproché à ma profession. Ensuite, un confrère me fait grincer des dents : « Il n'a pas voulu la tuer », assure-t-il de son client, lequel a massacré puis étranglé sa femme avant de découper son corps. S'il ne voulait pas la tuer, ses gestes étaient tout de même pour le moins risqués… ! Ce type de propos contribue à la mauvaise presse de l'avocat qui chercherait à tout prix à « innocenter », quand bien même les charges seraient totalement accablantes. Défendre, c'est mettre en lumière une personnalité et dévoiler le contexte des faits pour éviter que l'on résume un humain à son acte, et sa vie à un moment de bascule. Ce n'est pas nier l'évidence. Ça, ça m'énerve !

Toute « belle » affaire criminelle, où les affects sont en jeu, m'aimante. J'écoute son récit parce que je veux comprendre, l'instruction parce que je voudrais en être. Surtout du côté de la partie civile, je le reconnais… Mon instinct me pousse à épouser la douleur des victimes, je suis née comme ça. Quand je suis en défense, c'est très souvent pour des auteurs « un peu victimes », dont je m'explique le geste, qui m'ont touchée, eux ou leur famille venue me chercher. Toute ma jeunesse, dès l'enfance, j'ai dévoré les histoires à suspense, de *Fantômette* au *Club des cinq*, les grandes fresques biographiques, de Zola à Maupassant en passant par les plus contemporains, *Le Pavillon des cancéreux*, *Le Palanquin des larmes*, *Moi, Christiane F.*, avec une prédilection pour le vrai, l'actualité. Je me suis passionnée pour les reportages choc de *Paris-Match*, fonçant aux pages « faits divers » au grand dam de ma tante abonnée. Elle me rendait à mes parents en soupirant : « Elle lit tout le tragique, c'est un peu inquiétant… » Et encore, j'ignorais l'existence de *Détective* ! Mais qu'y a-t-il de plus intéressant que les questions de vie ou de mort ? Que l'urgence de remettre un peu de vie là où la mort est passée ? Je ne vois pas. Nombre de

Français nourrissent les mêmes passions, lisant comme moi des thrillers, regardant les reportages « faits divers » ou les émissions sur les crimes, pour les mêmes raisons que moi et non par goût du sordide. J'ai eu la chance d'en faire mon métier. Tout drame s'en trouve filtré par mon oreille aguerrie et professionnelle : qui peut bien avoir commis les faits ? Pourquoi ? La vérité ne serait-elle pas à chercher de ce côté ? Pourquoi le confrère opte-t-il pour telle stratégie ? Avec un brin d'amertume quand je déplore : « Ce que la victime est mal défendue ! » Je refuse d'y voir une pointe de jalousie, d'autant qu'il m'arrive de le penser alors que je suis de l'autre côté de la barre dans la même affaire.

Je n'ai pas le temps de me faire une opinion sur le dernier homicide médiatisé que l'un de mes trois enfants m'appelle : est-ce que j'ai pensé à Parcoursup ? Au papier à signer ? Au dentiste pour le plus grand ? Oui… Plus ou moins. Pas vraiment. Ils ont tout de même dix-sept ans pour mes jumeaux, et vingt pour mon aîné. Je pense surtout à leur donner des valeurs, les aimer, les embrasser, les rendre solides, droits, bons, justes, heureux, mais la logistique, je fais ce que je peux. Nous sommes interrompus par une autre collaboratrice qui me rappelle de téléphoner aux Mercier, ils ne comprennent pas pourquoi leur dossier n'avance pas… Ça tombe mal, moi non plus ! Le magistrat, il est vrai, a beaucoup de travail, et même trop, puisqu'un juge d'instruction gère plus d'une centaine de dossiers, ce qui est proprement démentiel. Mais il a aussi un salaire de l'État qui tombe tous les mois rubis sur l'ongle et des congés payés, quand mes semaines comptent soixante-dix heures a minima avec une petite entreprise de cinq collabs, deux assistantes, une comptable et des clients qui comptent sur nous.

J'expliquerai donc aux Mercier le fonctionnement de l'institution, sans critiquer personne, pour maintenir leur « confiance en la justice de notre pays ». Pourvu que ça dure… Pour moi, je l'avoue, ça dépend des jours… L'injustice me rend dingue, et quand j'estime le verdict inique, c'est moi que l'on blesse, autant que mes clients. La justice passe, mais pas toujours comme l'on souhaite ! Cependant, je dois garder mes forces pour soutenir ma petite Eva et ses parents.

Hélas, à Créteil, devant le tribunal pour enfants statuant en matière criminelle, je trouve aussi de quoi me contrarier. Lors de l'audience l'auteur fait profil bas, Eva vient expliquer, en sanglotant, qu'aujourd'hui elle a dix-neuf ans (oui, la justice prend son temps) et qu'elle a perdu son insouciance, sa légèreté et tous ses rêves… Certes, la culpabilité de l'accusé n'est pas mise en doute, et il écope de trois ans avec sursis, ce qui n'est déjà pas bien cher payé… Mais sur les intérêts civils, c'est-à-dire l'indemnisation de mes clients, le tribunal pour enfants accorde deux mille euros au père, détruit une seconde fois et mort de culpabilité de ne pas avoir su protéger sa fille, deux mille à la mère qui a dû soutenir sa fille dévastée. C'est un camouflet symbolique, une négation de leur souffrance. Pour Eva, j'ai sollicité une expertise afin de chiffrer le préjudice, et dans l'attente du résultat, une provision. Cela dure déjà depuis assez longtemps ! Réponse du président : on attendra ce résultat ! Provision refusée ! Quelles sont les chances pour que l'expertise décrète : « Un viol à treize ans n'a laissé aucune trace, tout roule » ? Aucune. Alors quoi ? Comment j'explique, en sortant de là, aux parents qui m'attendent et à Eva, qu'ils doivent garder la foi dans « la belle Justice de notre pays » ?

À vingt-trois heures, je rentre dare-dare à Pontoise, à cette heure-ci pas d'embouteillages, et je réponds via Bluetooth à mes clients, mes collabs, et parfois des journalistes. Ils veulent tout savoir d'une affaire dont je ne dirai rien, ou pire, ils en savent plus long que moi parce qu'ils ont des « sources proches du dossier » qui leur livrent des éléments qui n'y sont pas encore, dans le dossier ! Je leur réponds en noyant le poisson. Parfois, je pousse mon coup de gueule si j'estime urgent de secouer la poussière, comme dans les instructions dormantes ou, pire, les cold cases, ma bête noire. L'injustice des injustices, c'est un mort qu'on oublie en estimant que l'enquête n'aboutira jamais, le non-lieu, l'horreur pour les familles.

Demain, je serai aux assises pendant quatre jours, à l'autre bout de la France. Départ six heures du matin de la gare de Lyon. Mon cœur balance entre dormir à Pontoise avec mes enfants ou dîner rapidement avec eux et dormir à Paris, dans mon cabinet situé à trois cents mètres du nouveau palais de justice, dans le XVIIe. J'opte pour Pontoise, même si ça me fait décoller à quatre heures et demie. Au moins, ça roulera. Le dossier criminel de l'affaire à venir contient quatre mille pièces. Je prends le tout dans ma valise à roulettes, avec mon portant de douze Stabilo, pièces maîtresses s'il en est ! Avant, comme pendant l'audience, les éléments prennent une couleur différente selon leur nature : procès-verbaux de garde à vue, expertises psychiatriques, médico-légales, enquête de personnalité, etc. Alors que je finis de ficeler l'ensemble, je reçois un petit mot de Mme P., ma fée du logis, pour me rappeler de prendre un manteau chaud, parce qu'à Grenoble on annonce 2 °C. Elle est au centre de mon dispositif logistique vital, moins tout de même que mes parents qui vivent tout près, puisque ma mère est aussi une précieuse grand-mère, qui veille sur les repas, Parcoursup et le reste quand je rentre à pas d'heure comme... tous les soirs ou presque.

Si je rentre « tôt », disons à vingt heures, je tombe de sommeil à vingt et une heures, ma famille le sait, et mes amis me pardonnent, me sachant capable de m'assoupir sur un fauteuil au milieu du bruit et du monde. Je sors peu, trop fatiguée pour ça, et je préfère profiter des miens, de mes deux chiens et de mes trois chats, sans télé surtout, suffisamment absorbée par la suractivité irrésistible de mon portable. Sur Facebook, je compte plus de quatre mille « amis », un tas de membres des médias, de la justice, d'anciens clients ou des relations diverses, qui postent des articles ou des réflexions qui peuvent être intéressantes. Quand je ne travaille pas, je continue à travailler autrement. J'abuse aussi des applications du *Parisien*, du *Figaro* et du *Monde*, le dimanche je lis le *JDD*, tout en ne manquant pas un mail, un texto, un WhatsApp, un Messenger. J'estime que rien ne peut attendre, puisque souvent c'est vrai : c'est grave. J'ai tenté une fois, pour éliminer le chocolat qui me sert de carburant au quotidien, une semaine de jeûne avec vide salutaire – paraît-il –, avec interdiction d'utiliser son portable, dans une région rurale ravissante traversée par des cours d'eau... Inutile de dire que cela s'est assez mal passé ! J'étais en permanence morte d'inquiétude à l'idée que la vie continuait avec des gens à la surface de la terre qui comptaient sur moi et s'époumonaient dans un silence assourdissant. Je passais mon temps à me cacher pour regarder mon portable, je me faisais engueuler... ! Quand je me réveille au milieu de la nuit, les faits sont là, incontestables : il s'est passé énormément de choses dont je ne me suis pas occupée durant mon sommeil. J'ai des interlocuteurs qui sont du soir, d'autres du matin. Ils forment un flux à peu près continu, et je ne sais pas ne pas répondre ou « débrancher ». Parfois, je grappille une heure ou deux de sommeil à l'aube, entourée de mes envahissants animaux de compagnie, et c'est reparti !

Face à mes placards le matin, je me pose une question qui n'a chez moi rien de futile : comment je m'habille ? Elle charrie chez moi son lot d'angoisses parce que la vraie question est plutôt : « Qu'est-ce que j'ai aujourd'hui ? ». Si je reçois des clients fraîchement endeuillés, je ne vais pas m'habiller en rose pimpant. Si je vais plaider aux assises, des baskets dorées ne peuvent pas dépasser de ma robe noire, au risque de détourner l'attention des débats. Je choisis dans ma collection de foulards en soie – un genre de toc fondé au départ sur mon angoisse de perdre ma voix – celui qui conviendra. Je refuse de me déguiser en quelqu'un que je ne suis pas, tailleur sombre et talons moyens, sous prétexte que cela ferait « avocat ». J'ai besoin que ce soit confortable, d'où l'abandon des talons de ma première jeunesse au nom de mon équilibre physique ! Mais j'ai aussi une personnalité colorée, avec des penchants vestimentaires assortis, l'imprimé zèbre et les couleurs flashy. Il m'est arrivé de dérider mes clients parce que je détonnais. Alors que j'étais avocat de permanence, une cliente qui avait attenté aux jours de son fils m'a confié avoir été mise en confiance par ma panoplie rose, jusqu'au bandana de Louxor, mon labrador, toléré du temps où les palais de justice ne ressemblaient pas à des bunkers sécurisés impersonnels[1] Le souci de mon apparence ne m'anime que comme signe extérieur

1. Régine Salvat, *Une histoire à tenir debout*, Jean-Claude Lattès, 2011.

de respect envers mes clients et l'institution judiciaire, tenue étudiée, balayage blond (avant, j'étais jeune, mince et blonde… au moins, blonde c'est toujours possible !), brushing, ongles vernis, maquillage, mais un dimanche sans impératif, j'oublie tout. Je me contrefiche de mon miroir, mais j'estime tout devoir à des parents qui pleurent leur enfant massacré et attendent que je porte leur parole au procès. Les justiciables vivent un moment solennel, j'ai le devoir d'être à la hauteur.

Aux assises demain, je vais mettre toutes mes forces, comme je les ai mises dans l'instruction, et après un certain laps de temps, quelques jours à quelques semaines, une page va se tourner. Ils repartiront dans leur vie, leur deuil, leur liberté ou leur détention, et ce sera fini. Je serai dans un autre tribunal, en correctionnelle ou aux assises encore, au cabinet, dans le bureau de magistrats pour plaider ma cause, c'est-à-dire la leur. Mes clients hantent ma vie plus que je ne demeure dans leur existence. Souvent, je repense à eux en me demandant ce qu'ils deviennent, l'inverse ne se produit sans doute pas. J'ai l'habitude de dire que je suis parfois le bébé qu'on jette avec l'eau du bain, ce qui me brise le cœur. Pourtant, le matin, quand je quitte la maison, c'est forte de l'espoir, et même de la conviction, de pouvoir soulager une part de la peine de ceux qui me font confiance. Je ne fais peut-être pas de ma vie ce qu'il y a de plus glamour, mais ce qui me semble le plus utile. Je n'exercerais une autre profession pour rien au monde, alors que j'ai d'abord douté de ma vocation. Et puis j'ai rencontré « les gens », et je n'ai plus jamais voulu les quitter.

CHAPITRE UN

Avocat *next door*

J'ai compris très jeune que l'éducation était le nerf de la guerre, à l'occasion d'un déménagement, quand notre résidence moderne d'abord pimpante, en région parisienne, était devenue la cible des « incivilités », c'est-à-dire des dégradations rendant la vie en société impossible, avec bientôt la violence, et personne pour redresser la barre ou s'y opposer. Je n'ai pas théorisé, j'ai vécu l'arrachement à ma vie, mon cours de danse et mes copines, l'obligation d'emménager à distance de ce qui allait devenir des cités. Plutôt que de travailler dans une maternité, j'ai décidé de devenir juge pour enfants. Au lieu d'être aux origines de la vie en les mettant au monde, j'allais sauver les « déjà-nés » en danger, leur donner la chance d'un nouveau départ. Il n'était pas question pour moi de devenir avocat, dans mon esprit un empêcheur de tourner en rond, au contraire du juge, chevalier blanc qui sauvait le monde. Un petit job d'hôtesse d'accueil lors des assemblées de la conférence des bâtonniers avait conforté mon point de vue : je trouvais les avocats, presque tous des hommes, terriblement arrogants, pas très polis, se croyant plus brillants qu'ils n'étaient, à quelques exceptions près. J'avais reçu une éducation solide de la part de parents catholiques dans le bon sens du terme, pas piliers d'église mais pétris des valeurs fondatrices : bonté et humilité. J'ai compris plus tard qu'il était beaucoup plus ambitieux de se croire fondé à juger qu'à défendre.

Pas du sérail, et alors ?

Au siècle dernier, le mien, la majorité des étudiants étaient issus d'un milieu de notables bourgeois et intellectuels, citadins d'une grande ville ou Parisiens, parfois même d'une lignée de professionnels du droit. Mes codes culturels n'étaient pas ceux des « fils de », mais mes parents m'avaient inculqué la foi dans le travail. J'ai toujours estimé que déployer ses forces pour monter sur la corde à nœuds musclait, et que c'était plus formateur que d'être monté directement en ascenseur, susceptible de tomber en panne et de laisser bien démuni. Quand on n'est pas du sérail, on compense par le sérieux ! Mais où m'inscrire ? Dans ma tête, j'étais une « banlieusarde » – je le suis d'ailleurs restée –, ce qui m'a fait préférer la faculté de Villetaneuse à Assas, réputée bonne mais « trop chic pour moi ». J'y ai réalisé qu'apparemment je n'en avais pas les codes non plus, parce qu'il était de bon ton de se révolter et de faire grève. Je me rebellais quand on me demandait de me joindre aux grévistes par principe, contre la réforme Devaquet en 1986 par exemple, répliquant : « Il y a quoi dans cette loi ? Tu l'as lue ? » Il faut dire que j'avais toujours vu mon père aller conduire ses trains, grève ou pas, estimant devoir ne pas se plaindre de son sort, la notion de « service public » chevillée au corps. Ma résistance m'a valu des pneus crevés et une croix gammée taguée sur ma vieille R5 orange. Étiquetée « de droite », je ne comprenais pas pourquoi la volonté de poursuivre ses études devait avoir une couleur politique. Le bruit courait qu'un magistrat ou avocat qui n'était pas de gauche ne réussirait jamais en droit pénal, car il fallait avoir « des idées progressistes ». J'en ai, mais tout dépend de ce qu'on appelle progrès.

Quand j'ai rejoint en fin de parcours pour une spécialisation en droit pénal et sciences pénales l'université Panthéon-Assas, réputée catholique et de droite, je ne me suis pas sentie beaucoup plus en phase avec ceux qui avaient grandi dans le quartier du Luxembourg, portaient une particule, et évoquaient leurs dîners mondains parentaux. Je regagnais mon appartement au cinquième étage sans ascenseur, à La Chapelle-Barbès, quartier où c'était moi qui incarnais la diversité, Blanche et en plus blonde, en minijupe et cartable sous le bras. Au lieu de me sentir rejetée de toutes parts, j'ai développé une grande force en jugeant : « Ça m'est égal ! Je suis comme je suis. Je serai bien utile à des gens un jour ! »

Pas une tête de magistrat

J'ai passé le concours de l'École nationale de la magistrature, une expérience qui m'a servi de déclic. Lors d'une épreuve, j'ai failli très réellement sauter par la fenêtre après avoir scruté le visage de mes futurs pairs en théorie. J'ai songé : « Ah ouais… Ils ont bien des têtes de magistrat… Bien plus que moi… Moi, je suis… » Je n'avais pas la réponse à ce que j'étais, ce que je ferais, ce que je méritais, mais je me faisais une si haute idée de la fonction, depuis si longtemps, que la marche me semblait trop haute. Alors autant en finir tout de suite, m'écraser à terre, et qu'on n'en parle plus. Je suis sortie avant la fin de l'épreuve, j'ai raté le concours, mais retenu une bonne leçon : l'acte brutal, instinctif, stupide, qui coûte la vie, la sienne ou celle d'autrui, ça existe. Aujourd'hui je peux parfaitement l'entendre quand on me l'expose. On peut tous devenir une victime ou un assassin un jour pour une demi-seconde de « folie », de panique, de rage, de déraison liée à une complexité psychique infinie, de désespoir. Surtout de désespoir...

J'ai ainsi raconté à un client tchétchène, avec qui j'étais en route pour le tribunal de Béthune, que je n'avais pu y plaider mon dernier dossier, l'auteur des faits s'étant pendu en prison. Il a sursauté :

– Il s'est pendu ? Pourquoi ça ?

Je lui ai répondu qu'il avait trop de remords d'avoir tué sa femme et ses beaux-parents. Il m'a demandé :

– Mais pourquoi les a-t-il tués ?

Je lui ai expliqué, pour faire court, que sa femme l'avait quitté, que c'était un acte de désespoir...

Après un silence pénétré, il a lâché avec son gros accent tchétchène :

– Chez nous, on dit : « Il faut se méfier du Russe bourré, du Tchétchène en colère... », je vais rajouter : et du Français désespéré !

Au concours de l'ENM, je n'ai pas sauté, mais je me suis sabordée le lendemain, ce qui revient au même. J'étais presque heureuse de fuir cet endroit, autant que désemparée d'avoir lâché mon rêve. C'est par dépit que j'ai décidé de passer le barreau, possible passerelle pour la magistrature ultérieurement.

Pénaliste

Mon domaine de prédilection était le pénal. C'est là que je sentais que je pourrais vibrer, être la plus utile et déployer mon empathie pour tenter d'apaiser les souffrances. J'avais obtenu un DEA (Master 2), en droit pénal et sciences pénales, un certificat de criminologie et un autre de criminalistique au Panthéon, mais comment envisager devenir « ténor du barreau » comme on appelle les grands pénalistes, alors qu'ils étaient presque tous des hommes ? Comme « soprano », l'histoire n'avait guère retenu que le nom de Gisèle Halimi. En 1992, j'ai donc passé cet examen en remettant la question à plus tard, et intégré l'école des avocats. Dans un mélange de soulagement : j'avançais, et d'incertitude : pour aller où ? Me sentirai-je à ma place dans cette profession ? J'ai vite réglé la question de l'arrogance de l'avocat face à la réalité de la profession, qui consiste au début à courir les audiences de tribunal d'instance en tribunal d'instance, avec des tonnes de dossiers à plaider à la chaîne dans l'intérêt de sociétés de crédit, pour des patrons puisque j'étais collaboratrice, à Argenteuil, puis Enghien, après un stage inintéressant à Paris. Mon permis de conduire m'était plus utile que le CAPA[1], et mes bras musclés plus précieux que ma tête ! Je plaidais en droit de la consommation, du travail, de la famille, jamais aux assises évidemment. Ne rêvant pas de devenir riche et célèbre, je ne voulais surtout pas m'installer seule, à mon compte, encore moins à Paris, Ville-Lumière qui ne me ressemblait pas. J'ai fini par m'installer avec une consœur à Pontoise, dans mon

1. Certificat d'aptitude à la profession d'avocat.

département du Val-d'Oise. Une association de trois mois. Le temps de comprendre que nous ne partagions aucune valeur, ni professionnelle ni fraternelle. Je me retrouvais indépendante, exactement la situation la plus risquée.

Dans mes locaux ouvrant grand sur la place de la gare, chaleureusement décorés comme une vieille maison familiale, avec tentures et meubles chinés, j'ai attendu que le téléphone sonne, tout en donnant des cours à la fac pour faire rentrer de quoi payer les frais. Dans ma profession, on ne cherche pas le client, c'est lui qui vous trouve ! Un principe déontologique qui rend les débuts difficiles, car quand personne ne vous connaît, le bouche-à-oreille ne risque pas de fonctionner. Je comptais traiter tout ce que j'avais pu apprendre : droit civil, du travail, de la famille, même si mon âme penchait tout entière pour le pénal. Pas de chance pour mes aspirations, mais une chance pour la société et mes frères humains, il y a moins de crimes que de divorces, loyers impayés, problèmes de responsabilité et conflits de voisinage ! Pour me faire connaître, j'ai donné des consultations juridiques gratuites en maisons de justice et en mairie tous les week-ends. J'ai toujours aimé parler avec tout le monde, où que je sois, sur les marchés, dans les transports en commun, écoutant, consolant, conseillant, arbitrant, depuis la cour de l'école où j'étais déjà « médiatrice » jusqu'à mes jobs de GO au Club Med ou de fromagère sur les marchés. Mais mon vrai rêve, c'était les assises. Pas la magie de l'hermine, mais le défi de convaincre. Le pouvoir de changer des vies, pour les victimes comme pour les auteurs dont je suis convaincue que la peine juste et bien comprise peut rejouer l'avenir… parfois.

Je me suis inscrite aux permanences du tribunal, pour être désignée au titre de l'aide juridictionnelle – pour les victimes –, ou commise d'office – en défense – quand bien même c'était mal rémunéré. Tellement mal que ça ne l'est quasiment pas, encore aujourd'hui. Pour donner un exemple, assister une victime dans une instruction criminelle qui va durer plusieurs années permet de percevoir environ cinq cents euros pour l'ensemble de son œuvre, reçus en fin de mission.

J'attendais impatiemment mon premier dossier criminel, mais ils étaient plus volontiers octroyés à des avocats déjà aguerris. En partie parce que c'est plus sage, mais aussi parce qu'un nouveau pénaliste dans un barreau, c'est un concurrent de plus. Des mois se sont écoulés, quand enfin j'ai été désignée pour mon premier dossier criminel, en défense. Je me suis précipitée dans le bureau du juge d'instruction pour prendre connaissance de la procédure, et sa greffière qui me connaissait déjà via des dossiers correctionnels a éclaté de rire :

– Oh, ne t'emballe pas ! On a ouvert l'instruction au criminel, mais comme c'est le braquage d'une épicerie de quartier avec un couteau suisse, ça n'ira jamais aux assises.

Déception…

Et puis enfin, c'est arrivé ! Le coup de sonnette pour mes premières assises, à mon cabinet.

Premières assises : le grand jour

Un mercredi, une jeune femme, entre vingt-cinq et trente ans, arrive sans rendez-vous, s'installe dans mon bureau et m'explique :

– Mon frère a été tué, et le procès du meurtrier, c'est lundi, vous pourriez nous défendre ?

Court moment de solitude et shoot d'adrénaline. Plus l'avocat arrive tôt dans la procédure, mieux c'est, puisqu'il suit le cours de l'instruction, l'influence en demandant tel ou tel acte, se familiarise avec les faits mais aussi avec une famille, une histoire. Mais cette jeune femme est là, a besoin d'aide, et moi, je suis motivée comme jamais pour l'assister. Elle me raconte que son petit frère, que nous appellerons Clément, était alcoolique depuis des années, qu'elle et son père ont tout fait pour l'en sortir après le décès de leur mère. Cures, post-cures, remontrances et réconfort, ils ont tout essayé sans succès. La dernière fois qu'ils ont vu un médecin, il leur a dit : « Laissez-le toucher le fond de la piscine, et il devra donner un coup de pied pour remonter, vous verrez. » Ils ont donc arrêté de l'aider, non sans que le père, que j'ai reçu dans la même journée, me confie ses moments dans la rue, caché derrière un kiosque à journaux, pour surveiller son fils à la dérive, en train de boire assis par terre seul ou mal accompagné. Il attendait le coup de pied… Un soir de beuverie comme les autres, Clément a rencontré un légionnaire et ils se sont abrités pour boire dans une maison en construction. Le lendemain, on a retrouvé Clément sans vie, la tête défoncée à coups de parpaing. Et depuis, le père et la sœur sont rongés par la peine, mais aussi la culpabilité et le remords… Je passe le jeudi, le vendredi, le samedi et le dimanche à potasser mon dossier, analyser, apprendre, stabilobosser, trier, des heures à parler avec mes clients pour m'imprégner d'eux et de Clément, le grand absent. Le lundi, je les retrouve à la cour d'assises, et je vais glisser avant l'audience à la présidente :

– Ce sont mes premières assises…

Elle me regarde en toute connaissance du dossier, elle aussi, et me lance navrée :

– Bah, pour un début, vous parlez d'une partie civile : une victime marginale et une famille qui l'avait abandonnée… Bon courage !

Les écueils, je les vois, et je les retrouve souvent. Le crime a l'art de figer une situation à un moment donné, comme s'il n'y avait pas d'avant, et alors qu'il n'y aura pas d'après. En l'occurrence, les proches ne parlaient plus à Clément sur recommandation du médecin, donnant l'impression que sa propre famille l'avait donc jugé à cette époque précise comme un cas désespéré. Si même ceux qui l'aiment l'ont lâché, que va penser la société, représentée par cette cour ? Pourtant, le père et la sœur ont toujours été là, sauf les derniers mois. Un « mauvais » contexte familial, une « mauvaise » victime, peuvent profiter à l'accusé.

Du côté de la défense, on a élaboré un scénario : si le légionnaire a tué Clément, c'est « bien sûr » parce que ce dernier lui a fait des propositions sexuelles, alors son sang n'a fait qu'un tour, pensez donc ! La preuve, c'est qu'on a trouvé Clément avec son jean un peu descendu et sa braguette ouverte… Des tendances homosexuelles et un tempérament d'agresseur qui auraient tout à fait échappé à la famille. Rien n'est impossible, mais l'inverse était plus cohérent. Si Clément, aviné, avait même proféré une insulte contre son agresseur ? Ce qui ne mériterait pas de se faire défoncer la tête à coups de parpaing pour autant. L'accusé prétend s'être défendu, ne pas avoir voulu sciemment la mort de Clément, mais le mode opératoire dément cette version. L'avocat de la défense voudrait faire requalifier les faits en « coups et blessures ayant entraîné la mort sans intention de la donner », prévoyant une peine moins lourde que le meurtre. J'interroge l'accusé :

– Puisque vous dites ne pas avoir voulu le tuer, sachant que Clément n'est pas mort sur le coup mais après avoir agonisé des suites de ses blessures, pourquoi donc ne pas avoir appelé les secours quand il était encore temps, même anonymement ? Et pourquoi viser la tête, partie vitale du corps s'il en est ?

À mes questions, l'accusé baisse la tête sans répondre. J'ai plaidé en n'accusant à aucun moment l'auteur, laissant ce travail à l'avocat général, à peine si je l'ai même évoqué. Je n'ai parlé que de la victime et de mes clients. J'ai rendu une vie à Clément, pour que la cour comprenne *qui* était parti. Pas un alcoolique potentiellement pervers et agressif, mais un fils, un frère, à la dérive. J'ai raconté son parcours, la perte de la mère, le père qui se cache, le coup de pied au fond de la piscine, l'espoir qu'il s'en sorte, tout ça pour finir le crâne démoli dans une maison abandonnée. Plutôt que m'acharner sur l'accusé, j'ai expliqué la douleur de mes clients lorsque s'impose à eux la vision de celui qu'ils aimaient, agonisant de longues minutes, peut-être même des heures, alors qu'un appel téléphonique aurait pu le sauver… Pour terminer, j'ai lu et montré un petit poème désespéré écrit par Clément sur un carton d'emballage, que sa sœur m'avait donné. Il finissait par : « La vie est belle quand même. » À la fin de ma plaidoirie, j'ai vu l'une des jurés pleurer discrètement, les autres statufiés. J'étais vidée, morte, lessivée. Avec mes clients, nous avons longuement attendu le verdict. Puis nous sommes retournés l'entendre : seize ans de réclusion criminelle, quand le parquet en avait requis neuf… J'ai vacillé. J'avais accompli ma mission, mais ayant effectué des stages en prison, je visualisais très bien vers quels lieux allait partir le condamné…

Après le départ des jurés, l'usage veut que les avocats

aillent ensemble saluer les magistrats de la cour d'assises, le temps d'un petit débriefing entre professionnels sur les jours d'audience que nous venons tous de vivre. Il n'est pas question que soit violé le secret des délibérations, pour notre plus grande frustration. Surtout à cette époque où la cour ne « motivait » pas sa décision, c'est-à-dire n'en donnait aucune raison, aucune justification.

La présidente s'est adressée à moi :

– Alors, ça va ? Vous êtes satisfaite de la décision ?

– Oh, il ne s'agit pas de moi, et de toute façon, je n'y suis pour rien, ai-je répondu encore sous le choc.

Elle m'a rétorqué :

– Détrompez-vous. C'est votre plaidoirie qui a beaucoup ébranlé les jurés.

Mes clients sont repartis soulagés, leur douleur avait été entendue, le verdict était en accord avec mes convictions profondes sur le déroulement et la gravité des faits. La décision de justice avait rendu à Clément sa dignité perdue, sa place au sein de la société.

Mais les jours suivants ont été terribles pour moi… J'ai découvert ce que, depuis, j'appelle le baby blues de l'après-assises. Un sentiment de vide absolu. Pendant cinq jours, et c'est parfois des mois ou des années, j'avais vécu entièrement tendue vers ce moment, habitée jour et nuit par ce dossier absolument prioritaire, et d'un seul coup, j'avais l'impression de ne plus rien avoir à faire sur terre. J'avais éprouvé et enduré quelque chose d'extrêmement intense, j'avais tout donné, et puis le verdict était tombé et mes clients repartaient de leur côté parce que c'était fini. Quand on plaide, on est seul debout devant les juges, mais chargé du poids incommensurable de la vie d'autres que nous. Il n'y a plus qu'eux qui comptent, la ou les partie(s) civile(s) ou l'accusé, peu importe. Ils sont derrière nous, nous envahissent, nous sommes là pour porter leur parole, mais ce sont eux qui nous portent. On doit réaliser le périlleux équilibre du cœur et de la raison, tisser un pont entre ceux dont on porte la voix et ceux qui l'écoutent, restituer l'extraordinaire alchimie entre des vies et des faits. On est toujours tenu de contribuer à l'énoncé d'une juste peine, de participer à « l'œuvre de justice », j'aime cette expression. Pour les victimes comme pour les accusés, le jour du verdict est le premier jour du reste de leur vie. Ils devront vivre avec la sentence, moi aussi, mais en concentrant à nouveau toutes mes forces sur un autre dossier. Je n'ai qu'une hâte : qu'il arrive !

Pénaliste mais pas dupe

Tout de suite à l'aise avec les parties civiles, je me suis rendu compte dès mes débuts que certains auteurs me hérissaient. Mon parcours me donnait un atout que tout le monde n'avait pas : je connaissais un peu la vie, parce que je n'étais pas née « hors sol ». J'ai toujours beaucoup de mal avec ceux de mes clients dont la priorité est de posséder davantage sans fournir le moindre effort. Les gros trafiquants de drogue et braqueurs, dont l'unique mobile est de se faire « un max d'oseille » pour rouler en grosse berline en restant les mains dans les poches, n'est pas ce qui me fait vibrer, sauf si un trait de leur psychologie, ou de la personnalité de leur proche venu m'engager s'il est en détention, me bouleverse. Parfois, c'est une famille entière de petits délinquants de banlieue que je connais depuis mes commissions d'office à qui j'ai fini par m'attacher, il y a des délinquants sympas ! C'est l'humain qui me mobilise, toujours. Pour bien défendre quelqu'un, j'ai besoin qu'il me touche, et de le comprendre, un peu, à défaut de l'approuver. Est-on plus heureux avec une grosse voiture qui peut vous coûter la prison ? Ça m'échappe. J'ai toujours fait passer la richesse humaine avant la richesse financière et n'ai pas appris autre chose à mes enfants : « La vie, ce n'est pas avoir et obtenir, mais être et devenir », comme je l'écrivais sur des Post-it roses à mon fils aîné quand il passait ses concours.

Récemment aux assises, j'ai eu face à moi, avocat de la partie civile, un accusé qui avait photographié son bébé couvert de billets de banque avant de le poster triomphalement sur les réseaux sociaux. Comment dire… Il va devenir quoi, cet enfant ? Devenir qui ? Quel genre de citoyen ? Quand bien même, d'ailleurs, l'argent aurait été le fruit du travail légal. D'autres captures d'écran montrées à l'audience et faisant s'offusquer l'assistance, plus médusée que moi qui ai tout vu hélas, affichaient la provenance des liasses, comme le vol et recel de montres de luxe. La preuve en image en était postée fièrement avec ce message : « Quand on pense qu'y en a qui bosse » (*sic* pour l'orthographe). L'accusé avait fait carrière dans le cambriolage avec une escalade dans le pire, son genre de corde à nœuds à lui ! L'un des derniers en date avait été commis avec violences sur un couple de personnes âgées. L'affaire qui nous occupait était le meurtre crapuleux d'une femme seule. Quand il a été condamné à vingt ans de réclusion, malgré ses dénégations jusqu'au bout, je n'ai pas pu m'empêcher de penser que sa détention était peut-être le salut de son enfant, s'il avait la chance d'avoir une mère aux antipodes. Mais comme l'homme avait quatre enfants avec quatre femmes différentes, il faudrait envisager quatre fois de la chance… Lorsqu'un auteur me sert le couplet du contexte social comme explication des actes, chose fréquente dans ma profession, j'ai du mal à compatir, car c'est de la misère morale qu'on parle, quand l'unique valeur de l'existence est l'envie de posséder plus que le voisin.

Au lieu de m'appesantir sur ce qui aurait pu me manquer pour faire de ma vie ce que j'entendais, j'ai avancé avec ce que j'avais et pu devenir ce que je voulais. Être née en banlieue, femme, pas du sérail, a sans doute fait de moi un avocat pénaliste « pas comme les autres », tant mieux. Lorsque je reçois un client, je ne me demande pas qui je suis, mais qui il est, lui. Je ne le regarde pas de haut, mais à même hauteur, socialement et psychologiquement. Je suis là pour l'écouter, le rassurer, pas pour l'impressionner. Je ne suis pas devenue la girl *next door*, mais l'avocate *next door*. Ce n'est pas un rôle, c'est ma nature.

CHAPITRE DEUX

Maternante

Je raccompagne à la porte du cabinet les deux fils adultes d'un client, accusé d'escroquerie sur sombre fond de concurrence dans le milieu du bâtiment. Je ne les connais que depuis quelques mois, mais je lâche instinctivement :

– Je vous tiens au courant, à plus, les enfants !

Ils se marrent :

– Au revoir. Merci, maman !

J'aime bien faire rire mes clients, même et surtout quand c'est grave, comme une petite fenêtre éclairée posée au milieu de leur journée. J'aime aussi qu'ils comprennent que je les traite comme s'ils étaient de ma famille, au point que face à un conseil qui les laisse perplexes, je leur confie :

– Franchement, c'est ce que je conseillerais à mon frère.

Mon travail, c'est ma vie, et je suis la même pour ma famille, mes amis, mes clients…

Pas de « genre »

Être une femme était vu comme un handicap du temps où les avocats, exclusivement hommes, ne plaidaient que devant des professionnels hommes, dans des salles immenses mal sonorisées où il fallait bomber le torse et tempêter d'une voix tonitruante. C'était le temps des effets de manche et de l'éloquence grandiloquente qui devait faire forte impression. Mais aujourd'hui, la cour reflète la société qui la compose, avec des jurés hommes et femmes, des magistrat·e·s, des président·e·s de cour d'assises… et des micros ! L'époque n'est plus à la démonstration de force, où celui qui « gueule » le plus a raison, et encore moins aux grandes phrases ou aux grands mots… Il n'est pas nécessaire d'être abscons ou barbon pour avoir raison ! Avant, pour convaincre, il fallait être grandiose, maintenant, ce qu'il faut, c'est être compris. Je me souviens avoir embauché une collaboratrice qui avait commencé dans un cabinet parisien, et qui rédigeait des courriers tellement longs et tortueux que lorsqu'on terminait de lire une phrase… on ne se souvenait plus du début ! Quand je lui ai expliqué que ce n'était pas possible, elle a rétorqué : « Ah, mais c'est ce que mon ancien patron souhaitait : que le client soit ébloui et incapable de décoder, comme ça il ne critique pas »… Je lui ai expliqué que chez moi, on faisait de la pédagogie. L'art du métier n'est pas d'éblouir mais d'éclairer !

Mon défunt confrère Jean-Yves Liénard, pour lequel j'avais beaucoup d'admiration, m'avait raconté avoir douloureusement vécu la transition entre la période où l'avocat était tenu de faire des effets de manche et de rugir comme un lion, et celle où adopter le ton qui reflète nos convictions et sentiments devenait la seule chose qui compte. Alors qu'il plaidait aux assises, à l'ancienne, de façon théâtrale, il a soudain croisé le regard des jurés… Il y a lu la stupéfaction, la perplexité, et même la défiance… Il a alors baissé d'une octave et réduit la voilure de ses manches pour se faire entendre et ne pas passer pour un acteur. Bien sûr, la plaidoirie est une forme de prestation, mais loin du cinéma. C'est une démonstration, qui ne fait que parachever toute la stratégie en amont déployée sur le dossier. Ce qui fait du bruit, jusque dans l'assistance qui murmure et s'agite, ce sont les arguments. Lorsque l'un de mes collaborateurs plaide à ma place, je suis en confiance parce qu'il rapporte le fruit d'un travail concerté qui précède l'audience, de plusieurs jours, semaines, mois ou années. L'important pour convaincre est d'intéresser, d'expliquer, d'être logique et cohérent, de démontrer. C'est le fond plus que la forme. Même si avoir une voix agréable à écouter est un bonus, ce n'est pas l'essentiel.

« Il n'y a pas de sexe sous la robe », dit un vieil adage de ma profession. On en entend pourtant beaucoup parler. Je ne demande pas que l'on me donne du « avocate » avec un e. Peu importe l'usage de ce néologisme, mon combat est ailleurs. Je ne me suis jamais définie par rapport à mon sexe, encore moins dans l'exercice de ma profession. Je travaille et plaide avec ma tête, mon cœur et mon âme, pas avec mon entregent, ni avec mon entrejambe ! Nous sommes aussi différents les uns des autres que nous sommes d'individus. Les avocats hommes, qui portent une robe héritée du temps où la fonction revenait à des ecclésiastiques, s'en sont-ils, pour autant, sentis féminisés ? Je ne me suis jamais inquiétée quand j'entendais que ce n'était pas « un métier de femmes », lesquelles sont devenues finalement majoritaires en exercice (57 % en février 2022), représentant aujourd'hui 70 % des élèves avocats. Je n'ai jamais vu un confrère qui se rassérène quand il voit que son contradicteur est une consœur. Parfois même, certains me craignent quand ils me trouvent en face d'eux dans une affaire parce qu'au besoin, je lamine ! Cela se sait vite. J'ai le souvenir d'une femme que je défendais dans un dossier de divorce. J'avais exprimé dans son intérêt nos prétentions auprès du conseil de son mari. Quelques jours après, elle m'a appelée triomphante :

– Mon mari m'a dit : « Tu as pris Caty Richard, c'est bon, je suis mort, je cède sur tout. »

Ce que m'a confirmé un courrier du confrère reçu ensuite… et le combat a cessé, faute de combattant ! Il est cependant rare d'avoir des dossiers aussi rondement menés…

Femme ET pénaliste, c'était le comble du mélange des genres qu'on disait impossible : « Trop dur. » Ma lecture précoce des pages « faits divers » de la presse, des livres traitant des criminels et des victimes, mon intérêt pour une certaine forme d'humanité, puis la fréquentation des cours d'assises et des prisons, ont tôt fait de me familiariser avec les pires abominations. Ce qui ne m'ôte aucune sensibilité, bien au contraire. Loin d'avoir le cuir de plus en plus tanné, je me sens de plus en plus à vif. Quand je découvre un drame, j'ai l'envie spontanée de prendre soin des plus fragiles, des plus éprouvés, envie de défendre les protagonistes et leur famille. Je ne m'en sens pas moins capable d'aller au front, dans le cœur du sujet et des gens. La confrontation réelle avec les clients éprouvés rebute certains pénalistes, plus que les faits. Il y a un monde entre la lecture du dossier, des procès-verbaux, et quelqu'un qui pleure dans vos bras, familles de victimes, familles d'auteurs. Je ne crains pas la souffrance comme si elle était contagieuse, une attitude qui tue les personnes plongées brutalement dans le tragique, et que leur infligent déjà certains de leurs proches. Moi, j'ai le sentiment, la vocation, la mission de devoir les soulager autant que faire se peut.

Le drame va désormais faire partie de leur vie. Mon travail consiste à faire qu'il s'y inscrive le moins douloureusement possible. Homme ou femme, c'est la personnalité intrinsèque de chaque avocat, comme de chaque magistrat et juré, qui va influer sur le cours du procès. On voit souvent, dans les affaires de viol notamment, des avocats de la défense, au moment de la récusation des jurés, renvoyer sur leur banc les femmes tirées au sort avec cette idée préconçue : « Elles vont s'identifier à la victime et massacrer mon client. » C'est une erreur. Au contraire, les femmes peuvent s'appliquer à comprendre les faits parce qu'elles vont analyser l'accusé comme s'il était leur fils ou leur mari avec une forme d'ouverture d'esprit, quand les hommes vont le rejeter jusqu'à la répulsion parce qu'il incarne une représentation insoutenable de leur propre sexe. De la même façon, les femmes magistrates ne sont pas plus ni moins « gentilles ». Elles ont chacune leur personnalité, point final. Ne pas avoir de modèle avocat femme m'a permis de m'inventer.

Au début, je faisais un gros complexe face à mes confrères très cultivés et sûrs d'eux, habitués des concours d'éloquence comme « la conférence du stage », qui distingue les meilleurs orateurs. Sincèrement, je pense que j'aurais été nulle ! Je n'ai pas la tournure d'esprit qu'il faut pour me mettre en avant sur une estrade quand il n'y a pas d'enjeu humain, juste en espérant les honneurs. Mais j'admire forcément le talent de ceux qui ont une énorme culture générale, capables de citations de grands auteurs au pied levé. J'ai tenté quelques fois, à mes débuts, de placer ici et là à l'appui de ma plaidoirie des citations d'auteurs. Mais tout ce que je n'ai pas appris, compris, avec le cœur, s'évapore immédiatement de ma mémoire. Je lis, mais suis le plus souvent incapable de donner le titre du livre lu la semaine dernière, parfois même de celui en cours, ne parlons pas du nom de l'auteur. En revanche, je peux raconter l'histoire si elle m'a émue ou intéressée. Je ne retiens rien qui ne m'ait fait vibrer émotionnellement, tout doit passer par mes tripes. Je peux rêver des personnes qui ont pleuré dans mon bureau, me réveiller torturée ou éclairée par une idée, être hantée par la phrase d'un client, d'un témoin, mais les citations littéraires, non. D'autant que je lis de préférence des documents contemporains, sur des affaires, sur la justice, des romans policiers ou parfois des histoires *feel good*, pour décompresser. Plus que Descartes, que certains feuillettent sans lire en réussissant à capter trois phrases qu'ils vont retenir pour la vie, j'ai laissé libre cours à ma nature : maternante ! Une question de cœur, pas de sexe.

Le camp des victimes : soulager la douleur

Les victimes inspirent naturellement de l'empathie à la majorité des citoyens, et je ne suis pas faite d'une autre pâte sous prétexte que je suis avocat. Dans les deux tiers des affaires pénales du cabinet, je suis partie civile. Pour certains de mes confrères, être partie civile est le « parti facile ». Combien de fois ai-je entendu de la part de mes homologues en robe, me croisant au palais en train de tirer une valise énorme : « Tu es aux assises ? Partie civile ? Ah, ben ça va, alors. » Ce type de réflexion me hérisse, me révolte ! Non, ça ne « va » pas ! La pression est la même qu'en défense, mes clients m'ont confié leur vie, leur passé, leur avenir, exactement comme lorsque je suis du côté de l'accusé !

La beauté du métier tiendrait à la difficulté visible de la tâche, avec la gloire de « défendre l'indéfendable », l'ennemi public numéro un. Moi, ce n'est pas le « challenge » qui me mobilise, mais l'intérêt humain de l'affaire, mon utilité pour la construction, la reconstruction, le futur de mon client. Là est ma mission. Parfois, mon travail de conseil consistera même à éviter à mes clients d'engager une procédure. Et s'ils décident, par principe, malgré mon éclairage sur leurs chances minimales de succès, de se battre, je les accompagne. Depuis trente ans, j'ai vu des décisions inespérées être rendues, dans un sens… comme dans l'autre ! Il y a des procès ingagnables que l'on gagne et des procès imperdables que l'on perd.

Quand je reçois une victime en amont du dépôt de plainte, je vais la conseiller sur la façon de s'exprimer, éventuellement sur les preuves à réunir, les noms de témoins à donner aux enquêteurs afin qu'ils soient entendus par les enquêteurs mais aussi, plus tard, par les juges. Parfois, je dois même l'amener, la convaincre, en douceur, à dénoncer les faits. Un avocat doit faire preuve de bon sens, pas être un robot ou une machine à procès. Comme le client arrive toujours chez moi en situation de crise, à cran ou effondré, il est parfois mal placé pour évoquer et estimer la situation. Il se peut même qu'il déraisonne. J'ai reçu un homme qui voulait tuer le petit copain violent de sa fille. Elle refusait de déposer plainte comme de le quitter, ce qui le rendait fou. Il me lance :

– Je ne veux plus qu'il l'approche, ça va mal finir, ce sera réglé ! Et la justice me donnera raison.

Je rappelle le droit. Il énonce qu'on ne réprime pas la violence par la violence, premier point, sauf en état de légitime défense. Elle est encadrée par des conditions très strictes et impose que l'agression initiale soit réelle, actuelle et injustifiée, mais également que la riposte soit nécessaire, immédiate et proportionnelle à l'attaque. Second point, rien n'est moins sûr que la justice quand on s'aventure sur le terrain de la légitime défense. Les juges répugnent à la reconnaître pour éviter les débordements. Mais à côté de ces bases juridiques que je me devais de rappeler à ce père, il y a sa colère, son angoisse. Je la comprends très bien parce que je me mets toujours à la place du client : et si c'était ma fille ? Alors je lui explique qu'en prison, il ne serait plus là pour elle, qu'il la détruirait en commettant un tel acte… Nous cherchons une autre solution.

Il envisage de se substituer à sa fille, majeure, pour déposer plainte à sa place. J'explique le cheminement si l'on n'est pas victime soi-même. On peut, et même on doit, dénoncer des faits si l'on pense qu'ils sont avérés. Ce n'est pas la plainte de la victime qui met en mouvement l'action publique, sans quoi l'homicide d'une victime sans famille pour porter plainte resterait impuni, mais la connaissance par le parquet de l'infraction. Le procureur de la République décide alors de faire diligenter une enquête s'il a matière à croire aux renseignements qui lui sont parvenus.

En creusant un peu, je découvre que le père déteste le petit ami, un goujat je n'en doute pas, mais qu'il n'a aucune preuve de sa violence. Dois-je lui expliquer qu'il peut être poursuivi pour dénonciation calomnieuse ? Pas forcément à ce stade puisqu'elle implique la volonté de nuire, or ce père est d'une poignante bonne foi. Il est en réalité mort d'angoisse, ce que je distingue maintenant qu'il est moins en colère. J'essaie d'y voir clair :

– Votre premier objectif, c'est quoi ?

– Que ma fille ne le voie plus !

– Bien… Quand elle a appris à marcher, vous ne la portiez pas ? Vous lui teniez les mains ? Alors faites pareil. Ce qu'il faut, c'est l'accompagner, pas faire à sa place ! Revenez me voir avec elle, je lui parlerai.

Lorsque, par la suite, cette jeune fille est venue me voir, je n'ai pas critiqué son petit ami, ni donné raison à son père… Je lui ai juste parlé d'elle. Je lui ai raconté l'emprise, la différence entre amour et possession, je lui ai expliqué le poison de la culpabilité instillé goutte à goutte, et les excuses, jusqu'à la fois suivante. Elle m'a écoutée et a beaucoup pleuré… Plus tard, elle est allée déposer plainte. Son copain a eu l'interdiction d'entrer en contact avec elle, suffisamment longtemps pour qu'elle redécouvre la liberté. Je vois encore son visage rayonnant dans mon bureau quelque temps après, revenue pour préparer l'audience : « C'est super, je sors, j'ai retrouvé mes amis. »

J'aime le rôle protecteur que je dois tenir, qui peut faire penser à celui de psychologue… ou de maman. Quand l'instruction est ouverte et l'enquête en cours, j'essaie d'apaiser, j'explique pourquoi on n'arrête pas tout de suite un auteur évident de faits : parce que les enquêteurs doivent réunir le plus d'éléments possibles dans l'optique du procès. Pourquoi, parfois, ce « salaud » qui a été confondu n'est pas derrière les barreaux : parce que les règles de droit lui permettent d'être en liberté. Si on cherche encore l'auteur, je rassure, je questionne, j'essaie de comprendre comment les faits ont pu se dérouler, d'élaborer un scénario plausible, forte de l'expérience accumulée. L'avocat ne suit pas de cours de psychologie pendant sa formation, mais avec l'expérience, il se familiarise à l'humain, à ce qui mobilise ses pires penchants. J'en ai étudié, des pages et des pages de rapports de psychologues et psychiatres experts ! J'en ai lu, des ouvrages sur ces sujets ! Le plus souvent, quand le crime a un mobile et n'est pas lié à une conjonction de circonstances hasardeuses, rien de neuf sous le soleil : c'est le besoin de posséder qui motive les plus bas instincts de l'être humain. Posséder l'argent, le pouvoir, le « respect » (!), posséder l'autre, une notion bien différente de l'amour, mais souvent confondue, avec pour moteur puissant la jalousie, liée au sexe ou à l'argent, et pour facteur déclenchant bien trop fréquent, l'alcool.

Les victimes, leurs familles, sont dévastées de n'avoir pas cru, de n'avoir pas vu, se reprochant de n'avoir pas su se protéger, ou protéger l'un des leurs, alors que c'était le plus souvent impossible. Une culpabilité que je vais devoir tenter de soulager pour les aider à vivre. Et lorsque rien ne laissait présager le drame, elles sont torturées par cette interrogation : pourquoi nous ? Cette question est l'héritage de siècles de culpabilisation : « Qu'est-ce que nous avons pu faire au bon Dieu pour mériter cela ? » Sentiment d'injustice, mais aussi de malédiction. Je vais devoir accompagner mes clients sur le plan humain, tout en accomplissant ma mission d'avocat sur le plan judiciaire : suivre l'enquête, l'instruction, réclamer des actes, des auditions, vérifications, confrontations, rédiger des observations sur des rapports d'expertise ou en solliciter de nouvelles.

Certains clients ne voudront rien entendre, rien savoir, lorsque d'autres, les plus nombreux, demanderont à « tout comprendre, tout voir, tout connaître ». La réalité n'est pas toujours soutenable, ni les déclarations du ou des auteurs, ni les circonstances, ni les causes de la mort, et surtout pas les photos que je soustrais au dossier quand je reçois les familles de peur qu'une page choquante s'ouvre sous leurs yeux, sauf insistance de leur part. La mort violente est toujours insupportable. J'explique qu'ils doivent me faire confiance et conserver l'image qu'ils ont de leur défunt.

Je vois souvent mes clients devoir, quand l'auteur fait partie de leur entourage, faire le deuil moral d'un proche, d'un ami, en plus du deuil réel de la victime du crime. La vérité n'est pas toujours, et même rarement, admissible. La révéler n'a rien de « facile ». Quand elle crève les yeux, que c'est l'un des proches de la partie civile qui a battu, violé, trahi, et que la partie civile le découvre subitement, un monde s'effondre.

Dans le dossier très médiatisé de Dominique P., accusé d'avoir soumis chimiquement son épouse et de l'avoir livrée inconsciente à des dizaines d'hommes, je suis l'avocat de leur fille, Caroline Darian, qui a écrit un livre pour dire sa détresse et alerter sur un phénomène méconnu, celui de la soumission chimique. Le titre est éloquent : *Et j'ai cessé de t'appeler Papa*. Le 2 novembre 2020, la vie de cette jeune femme a basculé, son père a été placé en garde à vue, puis incarcéré. Pan par pan, au fil de l'enquête, le mur du mensonge est tombé, la laissant face à la terrible réalité. Elle qui voyait ses parents comme de tranquilles grands-parents retraités dans le Vaucluse, où leurs petits-enfants aimaient aller séjourner, a vu son socle vaciller. Pire, les éléments de l'enquête l'ont convaincue qu'elle-même avait été droguée, puisque l'on a découvert des photos d'elle endormie, entre autres photos et vidéos – son « père » filmant ses exactions et crimes. Elle a eu le courage de ne pas s'installer dans le déni. Sans sa solide armature psychologique, elle ne serait déjà plus debout. Quand elle m'appelle, quand elle a besoin d'une information, je me dois d'être là pour elle, à toute heure du jour et de la nuit. Je l'informe autant que je la réconforte. En février dernier, l'enfer est monté d'un cran quand son père a été soupçonné de faits anciens de viol sur une jeune femme, viol et meurtre sur une autre, cold cases des années 1990 commis dans la région parisienne, abondamment relayés par la presse.

On me dira : tous les dossiers ne sont pas aussi lourds. C'est vrai… matériellement ! Mais il n'y a pas de petit ou de gros dossier, la douleur n'est pas proportionnelle à l'ampleur apparente des choses. Une querelle de voisinage qui dure peut engendrer un véritable envahissement psychique, même sans dégénérer. Elle peut empêcher de dormir, de travailler, d'aimer. Un simple incident peut détruire une vie. L'un des hommes que j'ai vu le plus brisé, pour qui j'ai obtenu l'une des plus grosses indemnisations de ma carrière, avait reçu… une gifle ! Norbert était un homme tranquille, bon père, bon mari, employé modèle, qui rentrait vers son lotissement à pied pour regagner son pavillon. Un automobiliste énervé l'a frôlé subitement, déclenchant un mouvement réflexe de protection. Il a tendu le bras, sa mallette en main. L'automobiliste a pilé, est descendu de sa voiture, et lui a assené sans crier gare une gigantesque claque. Avant de remonter dans sa voiture et de repartir. Mon client n'avait jamais rencontré la violence. L'irruption de la haine dans sa vie l'a foudroyé. Norbert se demandait ce qu'il avait fait de mal, se sentait coupable, tout en se demandant de quoi, s'est mis à s'interroger sur tout, ses valeurs, le monde. Il est devenu insomniaque, s'est renfermé, a changé. Il a été licencié, sa femme a demandé le divorce, il a tout perdu. Il est

« parti en vrille », sans qu'aucun état antérieur puisse expliquer sa décompensation, constatée par plusieurs experts. Pour une gifle ! Ma profession apprend à ne pas évaluer par principe ou avec des a priori, mais à entendre les peines, analyser mais sans juger.

Quand la douleur rend agressif

Entendre la douleur de la victime, c'est parfois tendre les mouchoirs, parfois se retenir de pleurer avec elle, et parfois la deviner et briser la glace alors qu'elle est réservée, mutique, voire franchement hostile. Elle préférerait être ailleurs, elle souffre, et se trouve propulsée dans un univers judiciaire nouveau pour elle, à devoir raconter sa vie, souvent dans ses détails les plus intimes, à des inconnus. Alors l'avocat, qui est là dans ses pires moments, peut se faire traiter mal, voire carrément maltraiter !

Comprendre, c'est aussi creuser les souvenirs, raviver la douleur. Mes clients les plus étanches étaient ceux qui souffraient le plus, à commencer par les mères qui ont attenté à la vie de leurs enfants, chair de leur chair, voire les ont tués, dans des circonstances si inimaginables qu'elles méritent un développement à elles seules[1]. Sans doute le type d'affaires qui me mobilise et me touche de plus près, à cause de ce rôle maternant que je place au-dessus de tout. J'ai une mère exceptionnelle, qui continue à le prouver tous les jours. J'essaie d'être la meilleure mère possible pour mes trois enfants, désirés de toutes mes forces après un long parcours de FIV. Comment ne pas se mettre à la place de ces mères ?

1. Voir chapitre cinq, « Mères au bord de la crise de nerfs ».

Elles ont perdu ce qu'elles avaient de plus précieux et s'exposent de surcroît à la condamnation judiciaire et à la vindicte populaire, si prompte à stigmatiser. C'est avec l'expérience que l'on comprend qu'il y a une « agressivité de la douleur », des affects de circonstance.

Il ne faut pas croire que sous prétexte que la victime est du « bon côté » de la barre du tribunal, elle manifeste toujours sa gratitude envers son avocat. Surtout quand l'instruction ne se déroule pas à une allure raisonnable pour elle, alors que, par définition, le rythme de la victime ne peut pas être celui de la justice. La vérité est souvent longue à venir, le procès aussi, même avec des enquêteurs, un juge d'instruction et un parquet diligents, ce qui n'est malheureusement pas toujours le cas... Quand on a perdu quelqu'un, quand on a été violé, lésé, cassé, c'est forcément, toujours, trop long.

Je garde le souvenir piquant de Maryse, une cliente de mes débuts, qui m'a aidée à le comprendre. Elle avait perdu sa fille dans un accident de la route, renversée à vélo par un chauffard. Je lui servais de punching-ball depuis une demi-heure quand ma patience s'est émoussée. Le ton est monté, puis j'ai décidé, furax de tant d'injustice à mon égard, de la mettre à la porte et je me suis levée pour me diriger vers elle, qui se trouvait assise, en lui disant :

– Bon, ça suffit !

J'ai posé ma main sur son épaule pour lui indiquer le chemin de la sortie et là, stupeur, un immense calme m'a envahie. Je me suis entendue lui souffler doucement :

– Je comprends votre souffrance...

D'un coup, elle s'est comme dégonflée et s'est effondrée en larmes... Là, j'ai senti que sa colère était la seule façon pour elle de tenir debout. Alors je suis allée me rasseoir.

J'avais reçu une grande leçon, et ce n'est pas mon cerveau qui m'avait été le plus utile, mais mon corps. Instinctivement. Bien sûr, parfois, j'ai encore envie de crier cette pensée familière des parents à l'égard de leurs enfants : « Merde, je suis là pour vous aider et vous m'envoyez tout dans la gueule ! » Mais c'est une part de ma profession. Je sais maintenant quand je me sens traitée injustement que ce n'est pas avec moi que les clients sont désagréables mais avec le malheur. Je fréquente tous les jours des gens qui ont tous les droits, tant ils ont souffert, et envers qui je ne me sens que des devoirs, parce que j'ai de la chance d'être à ma place. Quand va se profiler le moment d'une audience, d'un procès, le poids sur mes épaules sera encore plus lourd puisque la victime entend être « réparée[1] ». C'est beaucoup attendre, car la vérité est cruelle : les choses ne seront, quoi que je fasse, plus jamais comme avant.

Le camp des auteurs : quand il y a quelque chose à comprendre

La mission de défendre les auteurs d'infractions pourrait sembler plus difficile, mais l'expérience fait acquérir beaucoup d'humilité. En entendant un jour une phrase du catéchisme de mon enfance, « Que celui qui n'a jamais péché lui jette la première pierre », j'ai réalisé que ma profession l'illustrait parfaitement en défense, pour la majorité de mes clients-auteurs. À partir du moment où l'on a commis quelque chose dans notre vie dont on conçoit du regret ou de la honte, on peut facilement comprendre que d'autres se

1. Voir chapitre quatre, « Partie civile, main dans la main ».

soient rendus coupables d'une infraction. On peut aussi concevoir que dans d'autres circonstances, d'autres vies, avec d'autres psychismes, certains puissent commettre un acte destructeur, parfois terrible, volontairement ou non, qui mène en correctionnelle, voire devant une cour d'assises. Majoritairement, mes clients en défense sont ce que j'appelle des auteurs-victimes, c'est-à-dire qu'il y a beaucoup à dire de leur dimension humaine ou du contexte psychologique de la commission des faits.

Dans de nombreuses affaires, le coupable identifié n'a rien d'un psychopathe, d'un pervers, d'un criminel fier de l'être. Pris sur le fait ou se rendant sans difficultés, il ne fuit pas ses responsabilités. Il en éprouve des remords. Même chez ceux qui ont conçu le projet criminel, il y a toujours une forme de sidération de l'auteur : « Ce n'est pas possible, je n'ai pas fait ça… » Pour les défendre, je dois être touchée, émue par mon client, ou parfois par un membre de sa famille, alors que l'acte est inqualifiable et l'auteur incompréhensible. Je ne rejette pas, j'écoute.

La mère de Laurent est d'une rare gentillesse, visiblement humaine et généreuse, et en l'écoutant, je n'ai qu'une question : comment un tel drame a-t-il pu se produire ? Son fils a égorgé le chauffeur de taxi qui le ramenait chez lui. La mère s'interroge : jeune majeur, il n'est pas né « monstre », il a été gentil garçon, bon élève, grandissant entre deux parents parfaitement insérés dans la société, le père étant lui-même… chauffeur de taxi. Laurent, immédiatement incarcéré, semble n'avoir aucun ressenti. Sa mère m'a expliqué qu'il avait raté son bac, qu'il s'était mis à jouer aux jeux vidéo toute la journée, qu'un soir, son père était rentré, avait débranché la console, et que tout était parti de là. Laurent s'est énervé, a pris un sac avec ses affaires, un couteau en céramique, le train pour la gare du Nord. Il est ensuite monté dans un taxi et a décidé de regagner la ville où il habitait avec ses parents. Arrivé à destination, il a sorti son couteau, demandé la caisse, et égorgé son chauffeur, un père de famille. Dans sa fuite, il a menacé un passant, avant d'être interpellé. Il ne s'agissait pas de nier les faits, ni de les minimiser, mais de comprendre ce qui s'était joué, que Laurent ne comprenait pas lui-même. Ce qui m'a mobilisée était l'envie de soutenir ses parents, mais pas en amnistiant leur enfant : je ne suis pas juge. Je voulais simplement l'expliquer. Laurent ne s'en était pas pris par hasard à un chauffeur de taxi, reflet du père interdicteur, les jeux vidéo consommés à outrance lui avaient servi d'anesthésiant jusqu'à ce qu'on l'en prive, le faisant vivre dans une réalité virtuelle où la mort n'est pas définitive. Les experts parleront de leur côté d'un épisode de « schizophrénie blanche », comme un moment de trou noir. Il a bien sûr été lourdement condamné, mais après une dizaine d'années de détention sans incident, il est sorti en liberté conditionnelle. Il s'est réinséré doucement dans la société, sans plus faire parler de lui. Même si les récidivistes font la une des journaux, les auteurs d'homicides récidivent dans moins de 8 % des cas[1]. Quant aux malades schizophrènes, 99,5 % ne tuent jamais. Je n'ai pas cautionné l'acte, je ne me suis pas identifiée à l'auteur, mais je me suis mise à la place de sa mère si attachante : et si c'était mon fils ? Je ne me sens pas au-dessus du commun des citoyens, même s'il est plus confortable sans doute de s'imaginer à l'abri de tout mal.

1. Chiffre INSEE 2019.

Quand le rôle maternant télescope mon rôle de mère

À fréquenter le pire, je ne manque pas d'y penser. J'appréhende souvent le risque de me retrouver à la place de mes clients, dans un camp comme dans l'autre, ce qui me fragilise personnellement mais me rend plus forte professionnellement. Quand mes fils ont traversé l'adolescence, je m'alarmais à la moindre bizarrerie – il ne serait pas schizophrène, au moins ? –, les patients touchés étant plus volontiers des garçons. Ma fille, (une fille !) proie privilégiée des prédateurs, a reçu toutes les mises en garde possibles, sur les dangers qui la guettent sur la voie publique, mais aussi avec ses meilleurs amis, puisque j'ai tout vu. Je ne parle pas de mon inquiétude sur l'absorption d'alcool, de stupéfiants, si étroitement liés aux drames et accidents. Mes enfants ont toujours évolué dans la vie avec des recommandations éclairées par mon expérience professionnelle. Je leur parle des leçons à retenir des affaires qui m'occupent, à défaut de leur en raconter le détail, je n'en ai jamais fait un tabou. Ils déclarent en riant ou en soupirant, selon leur humeur, que je ne suis pas une mère ordinaire, à penser toujours au pire, car la plupart des autres parents ne connaissent le mal que par les médias, et encore. Tant mieux pour eux, ou tant pis car la connaissance des risques est parfois utile. Je réussis à en rire avec mes enfants en m'appliquant à mettre à distance mes angoisses, à ne pas être une mère surprotectrice ou castratrice ! Sauf quand ça me dépasse…

J'avais travaillé dans le cadre d'une formation avec Thierry Lezeau, un enquêteur de l'affaire Caroline Dickinson, cette Anglaise de treize ans violée et tuée en juillet 1996 lors d'une colonie de vacances en Bretagne, à

Pleine-Fougères, dans la chambre où elle dormait avec ses quatre amies. J'avais vu des photos des lieux, analysé le déroulé des faits. L'auteur avait d'abord tenté de violer une jeune fille à quelques kilomètres de là, dans une autre colonie de vacances, à Saint-Lunaire. Mais il avait été interrompu, repartant en emportant un morceau de coton dérobé, avec lequel il avait ensuite bâillonné Caroline Dickinson dans la même nuit. Des années plus tard, la directrice de la crèche de mon fils aîné nous a proposé de l'emmener quelques jours en voyage avec d'autres enfants du même âge, une sorte de « classe de mer », accompagné de son auxiliaire de puériculture habituelle. Il avait trois ans, mon mari l'estimait trop jeune pour la vie en collectivité, j'avais milité, moi, pour le sociabiliser. Lors de la première réunion de parents précédant le voyage, on nous distribue un dossier, étrangement présenté comme les dossiers techniques de nos affaires criminelles, où l'on voit le plan des environs, puis la ville, la rue, la maison, et dans lesquels j'ai l'habitude de découvrir ensuite les photos de la scène de crime et du corps. Rien de tel bien sûr, mais je m'aperçois d'abord que c'est en Bretagne alors que j'avais cru que c'était vers le Tréport, en Normandie. Je tourne les pages, et sur le plan, mes yeux croisent le nom de Pleine-Fougères, premier frisson, puis je découvre la photo de la maison, et là, c'est le choc : il s'agit de l'auberge de jeunesse de Saint-Lunaire où Arce Montes a agressé la première jeune fille ! J'en suis sûre ! Je reconnais les photos déjà vues. Je sors de la salle tremblante, j'appelle l'enquêteur connu lors de la formation, il me confirme : « Oui, c'est bien ça, c'est cette maison, cette adresse, à Saint-Lunaire. » J'ai pleuré. Je m'appliquais tellement à cliver les dossiers, où se trouvaient « les méchants », et ma vie, dans laquelle mon fils était à l'abri…

Je voulais absolument qu'il ait une vie normale. Même si j'ai tenté de me persuader que la foudre ne frappait jamais deux fois au même endroit, la coïncidence sonnait comme un avertissement. Mon fils n'est pas parti... J'avais surtout compris que ni l'avocate-maternante ni la maman-avocat ne pouvaient compter sur une vie (tout à fait) sereine.

CHAPITRE TROIS

En défense : sans étiquette mais pas sans éthique

Le mot « défendre » définit souvent dans l'esprit des gens la profession de l'avocat, auprès de la victime comme de l'auteur. On croit souvent à tort que défendre un criminel, c'est l'innocenter ou chercher à le faire contre toute raison. En vérité, j'assiste, j'analyse, je conseille, je cherche à comprendre, j'écoute, et le jour du procès, j'éclaire les faits et la personnalité de mon client à la lumière de mon travail. Encore faut-il que je m'en estime capable et le souhaite, ce qui est le plus souvent sans rapport avec la gravité des faits ou les circonstances de leur commission, mais en lien étroit avec sa personnalité, sa psychologie, et son positionnement vis-à-vis des faits commis. J'ai toujours trois grandes questions quand un individu poursuivi souhaite me désigner : reconnaît-il les faits ? Si oui, quel regard porte-t-il dessus ? Est-il capable d'évoluer dans sa position, d'ici le procès et pendant le temps de sa détention ?

Sans étiquette : un atout

Certains confrères pénalistes sont systématiquement en défense, et refusent d'intervenir pour une partie civile. J'estime quant à moi que l'humain est infiniment complexe : il y a ceux qui me touchent, et ceux pour qui je ne réussis à éprouver aucune forme d'empathie. Dans le premier cas, je fonce, qu'ils soient auteurs ou victimes. Pour mes clients, ces deux casquettes sont plutôt un avantage. J'entendais récemment un officier de police judiciaire dire au sujet de son gardé à vue : « S'il a pris Maître Untel, c'est bien qu'il est impliqué ! » Être un avocat étiqueté professionnellement « voyous », avocat systématique des trafiquants de stups ou du grand banditisme, ou encore emblématique de « causes » telles que les violences conjugales, le harcèlement au travail ou autre, c'est une orientation risquée. Les enquêteurs, magistrats, médias, voire le grand public, peuvent regarder le défenseur avec le prisme : « Ah oui, encore lui (ou elle), on connaît la musique ! » L'avocat est facilement soupçonné d'être partisan des faits qu'il tente de mettre en lumière quand il est du côté de la défense, ou militant de principe quand il est du côté de la partie civile. Je ne vois ni des « monstres » toujours du même côté, ni de pauvres créatures toujours de l'autre, mais des ressorts complexes dans les rapports humains, ce serait un comble de l'ignorer dans ma profession. Ceux qui me connaissent savent que je n'abuse pas : si je plaide la clémence, c'est que j'ai de bonnes raisons, et si je plaide l'innocence, c'est que j'ai des billes. Je ne soutiens pas l'innocence d'un client quand je suis sûre qu'il est coupable. Je travaille avec ma morale, mes principes : l'auteur auquel je suis hermétique, je ne l'assiste pas, la version rocambolesque à laquelle je ne crois pas, je ne la plaide pas. Je le ferais mal, personne ne pourrait me suivre sur un tel chemin. Mon client serait le premier à en essuyer les conséquences, moi la seconde, car on ne risque pas trente ans de réputation en s'asseyant sur l'évidence des éléments à charge pour faire « plaisir » à son client.

Le seul point regrettable est que l'avocat se fait vite chez les voyous une clientèle, hélas inépuisable, par radio-prison, bouche-à-oreille de « quartier », qui sert parfois de père en fils, sans parler de la fratrie, des voisins, des amis, des copains. L'avocat n'a pas ce recours auprès des victimes, propulsées dans l'arène judiciaire sans que rien ni personne les y ait préparées, par définition. Il a longtemps été déontologiquement interdit de se manifester auprès des victimes, et quand bien même la discipline s'est relâchée, je ne me vois pas démarcher des personnes en deuil comme un vautour. Pourtant, les victimes sont très enrichissantes sur le plan humain. Je brûle d'envie d'être à leurs côtés en découvrant les faits dans le journal. C'est frustrant, mais je dois attendre que les gens qui ont besoin de mes services viennent à moi.

En défense comme en partie civile, je ne suis pas davantage « spécialisée » dans tel type de crime ou délit, une étiquette uniquement journalistique pour le sous-titre à la télévision, car en vérité, un pénaliste est un pénaliste. Des mentions de spécialisation existent bien, mais en nombre limité, énuméré par le Conseil national des barreaux : droit de l'environnement, des étrangers et de la nationalité, de l'immobilier, de la propriété intellectuelle, rural, fiscal, pénal… L'une de mes collaboratrices par exemple est spécialisée en droit des personnes, à savoir le droit de la famille, des successions, etc. Il n'existe pas de spécialité « délits routiers », « maltraitance animale » ou « violences conjugales ».

La pratique peut conférer une familiarisation plus pointue à telle ou telle problématique, par préférence personnelle ou à force de fréquenter par choix les stages et colloques sur le sujet. Je participe à certains d'entre eux, on apprend toujours en échangeant avec les psys, les experts, les enquêteurs, les magistrats, les journalistes, mais rien ne vaut l'expérience pour connaître les infinies nuances du genre humain. J'ai lu des milliers de procès-verbaux et d'expertises psy, traité et analysé des milliers d'affaires. Je reconnais souvent et je décrypte les grands schémas familiaux, conjugaux, psychologiques. Si je devais m'étiqueter, je me qualifierais de « spécialiste des gens », c'est un peu vaste, avec un penchant pour les douleurs des mamans, mamans-victimes, mamans-auteures, mais aussi mamans de victimes et d'auteurs.

Une présidente de cour d'assises, devant laquelle j'ai plaidé de très nombreuses fois, en défense comme en partie civile, m'a confié : « Ce qui est extraordinaire avec vous, c'est que dans la même affaire, vous pourriez plaider pour la victime, puis pour l'accusé, en le faisant aussi bien. » C'est vrai, éclairer la souffrance de l'une n'est pas confiscatoire, je pourrais le faire pour l'autre. Le retentissement psychologique des faits sur la victime n'empêche pas d'expliquer dans quelles conditions l'accusé est passé à l'acte, si les faits sont reconnus évidemment, pas lorsque les deux ont des versions opposées !

Des clients me disent souvent : « C'est incroyable que vous sachiez tout ça sur moi, je ne vous l'ai pas dit. » Non, mais je ressens les choses, et je connais le monde. Depuis longtemps, j'ai l'impression d'avoir cent cinquante ans ! C'est précieux, y compris pour ne pas se faire avoir par le client qui peut essayer de vous balader plus ou moins adroitement. J'ai reçu récemment une vieille dame franchement diminuée amenée par un quadragénaire, son voisin qui lui « veut du bien ». La preuve, c'est qu'il lui fait ses courses, et même que le dimanche, sa femme lui apporte son dessert préféré ! C'est lui qui l'a amenée dans mon cabinet parce que la sœur de cette mamie voudrait qu'elle soit placée sous tutelle. Elle s'emmêle dans ses papiers. Ce gentil voisin estime qu'elle s'en sort très bien, qu'une mise sous tutelle serait totalement abusive, d'autant qu'ils habitent la porte à côté pour s'occuper d'elle. Je ne le « sens » pas. Ses explications poisseuses de flagornerie, ses efforts pour éviter qu'un tiers mette le nez dans les comptes... En un quart d'heure, j'ai fait le tour et je me suis dit : « C'est bon, j'ai compris, ce couple de voisins, c'est les Thénardier ! » Loin de moi pourtant l'idée d'être désagréable avec ce monsieur. Je lui fais donc valoir l'aubaine, même pour lui, si dévoué, d'un placement sous tutelle de la dame : on ne pourrait jamais lui reprocher un abus de faiblesse ou autre malveillance du même genre. Et j'ai expliqué à « Mamie » qu'il fallait qu'elle accepte la tutelle... pour protéger son « ange gardien ».

Comme me l'a dit une experte psychiatre croisée régulièrement aux assises, je suis « branchée sur l'inconscient des gens ». Une chance, parce que c'est utile.

Les auteurs qui revendiquent les faits : ma limite

Ma question n'est jamais « quoi ? » mais « qui ? ». Il y a autant d'auteurs que d'actes. Défendre aussi des criminels me vaut d'être prise à partie dans ma vie privée, et je ne parle pas des lettres d'insultes de corbeaux ! Lors d'un baptême, la grand-mère du bébé m'a agressée verbalement, me reprochant avec virulence tous les « violeurs d'enfants en liberté ». À croire que je suis à l'origine de leurs méfaits ! La plus sage réaction que j'ai entendue sur ce volet décrié de ma profession vient d'une petite fille de huit ans, partie civile aux côtés de laquelle je me trouvais, victime de viols de la part de son grand-père. J'ai tenu à lui expliquer qu'il pouvait m'arriver aussi de défendre des papis qui, comme le sien, avaient fait du mal. Je ne voulais pas qu'elle le vive comme une trahison si elle venait à le découvrir. Je lui ai dit que je pouvais répondre à ses questions si elle en avait, et que je comprendrais aussi qu'elle préfère un autre avocat. Ouvrant de grands yeux, elle m'a lancé :

– Ah non, je te garde ! De toute façon, c'est normal, c'est ton métier de défendre les gens !

J'ai adoré ce moment de fraîcheur et garde précieusement cette enfant dans mon cœur, si différente des adultes culpabilisants...

Des agresseurs d'enfants, j'en ai donc défendu. J'étais intervenue pour l'un d'eux à la demande de sa femme parce qu'elle m'avait confié d'emblée :

– Depuis quelque temps, il avait changé. Comme si quelque chose ne tournait pas rond...

L'auteur était un ancien rugbyman, personne ne comprenait l'agression sexuelle qui lui était reprochée. Elle avait eu lieu sur une petite fille, alors qu'ils partageaient un lit lors d'une sieste estivale, dans une maison remplie d'amis, dont les parents de l'enfant. Si l'acte avait été interrompu avant toute pénétration, on imagine facilement le sentiment d'horreur qui avait saisi les parents, le traumatisme pour l'enfant... Mieux valait que je me concentre sur l'épouse qui se trouvait en face de moi, aussi détruite que déstabilisée. Certes, les proches le sont toujours plus ou moins, mais le discours de cette femme sur les changements de caractère de son mari m'intriguait, évoquant presque un changement de personnalité, loin du banal argumentaire : « Mon mari n'a rien fait, mon mari est un saint. » Le mari lui-même, incarcéré, était surpris par son propre acte, mort de honte, et je ne la sentais pas simulée. J'ai donc accepté l'affaire, au nom de sa douleur à elle, et au bénéfice du doute le concernant. Après plusieurs mois d'enquête, c'est une IRM cérébrale que j'ai sollicitée qui a permis de comprendre : le rugbyman avait reçu plusieurs fois des coups à la tête, qui avaient provoqué des lésions cérébrales tout à fait visibles. Il souffrait de démence prématurée, et les experts assuraient que les conséquences pouvaient être une levée d'inhibition, ce qui constituait une altération de son discernement et du contrôle de ses actes.

Comprendre n'est pas pardonner, et il ne m'appartient pas de juger. Les faits n'en étant pas moins constitués, il a été reconnu coupable, mais la peine qui lui a été infligée a pris en considération l'homme qu'il avait été, et les raisons de la commission des faits. Le droit français est ainsi fait qu'un tribunal juge un auteur pour la faute qu'il a commise, en fonction de sa gravité, mais aussi de la personnalité de cet auteur, de son passé, du regard qu'il porte sur les faits, de son repentir, du cheminement qu'il est capable de faire, du risque ou non de récidive, de sa faculté de réinsertion. Je suis sur cette ligne, concentrée sur l'aspect humain du dossier sans rester focalisée sur les actes.

Je me souviens d'une affaire dans laquelle j'intervenais pour l'une des victimes d'un jeune homme de vingt-cinq ans qui avait agressé sexuellement ou violé cinquante-sept gamines depuis ses dix-sept ans. Il avait commencé par quelques petites voisines, avant de devenir… moniteur de colo ! Il reconnaissait les faits, bon point qui permet en théorie d'« avancer », mais son axe de défense était le couplet qui avait cours auprès de certains dans les années 1970, arrangeant bien les pédophiles :

– Vous comprenez, c'est une question d'époque, une question de point de vue. Regardez, avant, l'homosexualité était condamnée, elle ne l'est plus. Un jour, ce sera pareil pour la pédophilie !

Jamais je n'aurais pu être à ses côtés en qualité d'avocat. Impossible pour moi… Il a été condamné au maximum légal, vingt ans de réclusion criminelle. Un des psychologues l'ayant expertisé m'a ensuite confié : « Il recommencera, et il tuera… » Glaçant.

Le terrorisme est le paroxysme de cette ligne de défense. Le fondement de l'acte est sa revendication, un acte de foi, un acte de guerre. J'ai pu le vérifier dans le dossier *Charlie Hebdo*, dans lequel j'étais partie civile pour la famille de Bernard Maris. J'en garde un souvenir extrêmement douloureux, à cause du nombre de victimes, douze dont dix décédées, du symbole pour la société, de la personnalité de Bernard Maris, mais aussi à cause du fanatisme idéologique des auteurs et de certains complices. Derrière eux, on le sait, il y a une mouvance, pour ne pas dire une armée. Le procès regroupait les trois attentats de janvier 2015, l'attentat de *Charlie Hebdo*, l'attentat de l'HyperCacher qui a fait quatre victimes, et le meurtre de la policière de Montrouge, sans oublier les victimes vivantes mais traumatisées. Quatre mois d'audience, de septembre à décembre 2020 en première instance au nouveau palais de justice de Paris dans le quartier des Batignolles, puis en appel en septembre et octobre

2022 pour deux des accusés à l'ancien palais, sur l'île de la Cité. Des mois durant lesquels un profond sentiment d'angoisse et de malaise ne m'a jamais quittée. C'est la première plaidoirie que j'ai d'abord consignée par écrit de ma vie, parce que nous étions si nombreux qu'un temps limité nous était imparti : dix-sept minutes. J'ai fait le choix délibéré de ne pas évoquer les motivations des terroristes et leur idéologie. Il n'était pas question d'empiéter sur le terrain de l'accusation au détriment du temps que je souhaitais consacrer à mes clients, ni de se retrouver quatre-vingts avocats de parties civiles à dire la même chose. Je me suis concentrée sur l'homme, rendant son humanité à Bernard Maris, célébrant son exceptionnelle dimension vitale, à l'opposé exact du choix mortifère de ses assassins : un père, un beau-père, un amoureux, un économiste de renom, un journaliste, un chroniqueur, un professeur, un ami, un humaniste, un homme éclairé. J'ai choisi de plaider l'unique contre la masse. De parler de courage, le vrai, celui d'aimer ; de liberté, celle de vivre, de penser et de s'exprimer.

Je n'ai aucun problème avec les religions, quelles qu'elles soient, tant qu'elles n'imposent pas, ni ne s'imposent. J'ai même tendance à penser que croire en Dieu, qui ne peut que prôner la paix et l'amour, devrait rendre meilleur. J'ai beaucoup de mal avec le rigorisme religieux en général, toutes religions confondues. Les « c'est écrit », que ce soit dans le Coran, la Torah ou la Bible, m'échappent totalement. Je crains les positions radicales, elles annoncent le fascisme. Ma tolérance s'arrête à l'intolérance de l'autre. Lorsqu'un homme me sollicite en qualité d'avocat, mais me rétorque alors que je m'apprête à le saluer : « Pardon, je ne serre pas la main des femmes. » Je lui réponds, et ça m'est arrivé plus d'une fois : « Si je suis impure pour vous serrer la main, je suis impure pour vous défendre. » Exclure celle qui vient vous tendre la main, c'est trop mal commencer pour continuer. Les valeurs morales sont la base de ma vie et de ma pratique, l'égalité des sexes et la courtoisie en font partie.

Les cas désespérants : au-delà de la peine encourue, la psychologie toujours

J'ai besoin d'avoir envie d'aider, mais aussi d'en avoir l'espoir. Il est rare de n'avoir ni l'un ni l'autre. Les criminels à la Fourniret ou Dutroux ne m'intéressent pas. Le crime est pour eux un système, une routine. Ils sont sans états d'âme ni regrets. Il n'y a pas de contexte, juste une prédation. Le crime a eu lieu parce qu'ils étaient là, la victime aussi, c'est tout. C'est un peu court pour que je mobilise toutes mes forces. Je suis toujours franche, voire « cash ». Un homme s'installe un jour dans mon bureau :

– Avez-vous entendu parler de telle affaire ?

– Oui, bien sûr.

Le contraire aurait été difficile, elle faisait la une de tous les journaux. L'auteur était un assassin violeur multirécidiviste, condamné plusieurs fois par le passé, qualifié de « monstre » par l'opinion publique, le détail des faits étant spécialement atroce.

– Je suis l'oncle du mis en cause…

Compassion sincère, mais je réplique avec ma spontanéité habituelle :

– Ah ! J'avoue qu'à votre évocation de l'affaire, j'ai pensé que vous étiez de la famille d'une victime ! J'aurais préféré…

– Il m'a demandé de venir vous voir, il voudrait que vous soyez son avocat… Il en a un commis d'office, mais vu son casier, on se dit que ça vaut peut-être la peine de financer un avocat… Qu'est-ce que ça lui apporte de vous prendre, vous ?

– En toute franchise… Sur la peine, je ne vais pas faire des miracles… Votre neveu sera sans doute condamné au maximum encouru, quel que soit son avocat. En revanche, il est important qu'il ait confiance en son conseil, que celui-ci l'accompagne dans cette épreuve. Si c'est le cas de son avocat commis d'office, alors qu'il le garde, sinon j'irai le rencontrer.

Je n'ai pas refusé, mais je ne peux pas mentir ni tricher. Je n'ai jamais eu de nouvelles, sinon celle de sa condamnation à perpétuité, qui ne m'a pas surprise, et dont je crois d'ailleurs qu'il n'a pas fait appel.

Je n'ai jamais écopé d'une condamnation à perpétuité, mais il est arrivé plusieurs fois que mes clients encourent cette peine. Simplement, quelque chose en eux me touchait. J'avais le sentiment qu'un avenir était possible, que l'acte n'avait eu lieu que par une conjonction de circonstances qui ne se reproduirait pas.

C'était le cas de Nadège, qui a fait la une des journaux avec son compagnon Christophe sous la manchette « LES AMANTS DIABOLIQUES », appellation dont ils n'ont d'ailleurs pas le monopole. Nadège, c'était l'histoire d'une vie qui avait mal commencé, mais ce qui frappe toujours l'esprit, c'est évidemment comment la vie s'est achevée, l'acte qui mène aux assises. Le récit journalistique débute toujours par là, l'histoire du défunt. Puisque je suis son avocat, je vais commencer par celle de Nadège, ado de seize ans qui se met en couple avec Stéphane, rencontré au collège, gitan dont elle est très amoureuse. Avec lui, elle a, très jeune, une petite fille. Tous trois vivent dans une caravane. Les années passent, le climat se dégrade, Stéphane boit, devient violent, et Nadège part avec sa fille. Dans le monde de Stéphane comme dans sa tête, partir ne se fait pas, du moins quand on est une femme évidemment. Nadège rencontre Christophe, un type bien, avec un bon métier, une vie sédentaire. Commence la valse des rêves d'une autre vie, les promesses réciproques, se marier, fonder une vraie famille. Sauf que Stéphane harcèle Nadège, dont la position est ambiguë. Elle continue à le voir, elle conquiert la paix en lui octroyant des moments ensemble, des vacances... La vie, c'est compliqué ! Pour couper court, Nadège déménage, mais il continue à la poursuivre, allant jusqu'à se cacher dans le coffre de sa voiture sur le parking de son travail pour surgir tel un diable hors de sa boîte lorsqu'elle arrive devant chez elle. Il la menace, elle est à lui, à personne d'autre, et pour la vie entière ! Alors Nadège, qui se sent prise dans un piège dont elle ne sait pas s'extirper, ne voit plus qu'une issue : l'éliminer. Dois-je préciser que je ne cautionne pas la solution ?! Et comme elle a des projets d'avenir avec Christophe, c'est ensemble qu'ils vont « réfléchir » à la « meilleure » solution. Nadège va endormir Stéphane lors d'un repas, Christophe va la rejoindre pour le tuer. Mais quand il arrive et lui assène un coup de marteau, Stéphane ne meurt pas. Il se réveille, se défend, se débat... J'épargne le récit de l'acharnement, mais l'ex ne meurt qu'après cinq coups de marteau et trente-six coups de couteau. On assiste alors à l'emballement de « folie » qui suit les crimes quand les auteurs ne sont pas des Fourniret, précisément. Ils réalisent qu'un corps, il faut s'en débarrasser, et dans la précipitation le chargent sur la poussette de la fille de Nadège et Stéphane, la victime, détail sordide du plus mauvais effet, avant d'aller l'enterrer en forêt. Les faits sont atroces, la préméditation acquise, ce qui vaut à l'acte de Nadège la qualification d'assassinat, et ma cliente en est l'instigatrice… Tous les voyants sont au rouge. Pourtant j'accepte, parce que sa mère, infirmière, est très attachante, et Nadège, que je vais rencontrer en prison, m'émeut. Elle ne se plaint jamais, accepte son sort, et je vois à quel point elle est en réalité une jeune femme soumise et pas une virago ou une fille légère. Elle m'explique qu'elle ne voyait pas comment s'en sortir, qu'elle voulait vivre, qu'elle avait peur de lui. Elle ne voulait pas la mort d'un homme, mais sa libération à elle, et elle réalise le trou noir dans lequel elle est tombée, l'horreur de son geste. Au moment des faits, en 2005, elle avait vingt-cinq ans et la triste habitude de se renfermer sur elle-même quand elle avait des problèmes, sans jamais solliciter personne pour la guider. Durant ses trois ans de détention dans l'attente de son procès, elle était appréciée pour sa conduite, elle travaillait, c'était une fille courageuse… Je dois avouer avoir retenu mon souffle en attendant le verdict. Âgée de vingt-huit ans en 2008, Nadège a été condamnée à vingt-deux ans de réclusion, quand son ancien concubin, bras armé, était condamné à quinze. Elle est sortie il y a deux ans, est devenue boulangère, a récupéré sa fille, pourtant élevée durant ses jeunes années dans la famille paternelle. Cette enfant, à la fois de la victime et de la coupable, est elle-même devenue maman très jeune et vit encore avec sa mère, trois générations sous le même toit. J'ose le dire, même si cela peut sembler choquant, Nadège est une gentille fille. Elle ne recommencera jamais. On apprend cela avec l'exercice de la profession : l'auteur vaut généralement mieux que les faits qu'il a commis.

Les dénégations déraisonnables

Je n'aime pas qu'on me prenne pour une idiote, parce que ça me froisse, mais surtout parce que c'est contraire à l'intérêt du client. Le jour des assises est un jour de vérité, ce que ne comprend pas toujours un accusé, et la cour n'est pas plus crédule que son avocat. Mon rôle est de faire évoluer celui qui nie les faits ou les minimise contre toute raison. Ce n'est pas possible avec tout le monde. Un grand-père, qui avait violé ses petites-filles, déjà condamné à quinze ans, m'a écrit depuis son lieu de détention pour que je le défende en appel. Il se jurait innocent, comme il l'avait fait en première instance. Je demande à étudier le dossier, puis vais le rencontrer en prison pour lui exposer mon analyse :

– La seule stratégie possible en appel selon moi, au vu des éléments de la procédure, c'est de reconnaître les faits et de demander pardon à vos petites-filles.

– Certainement pas ! Je suis innocent.

(Soupir…)

– Je comprends bien, mais le dossier est accablant.

– Je vous le jure.

– Si moi je ne vous crois pas, il n'y a aucune chance pour que je persuade les jurés. Alors convainquez-moi.

– …

Je lui ai listé tous les éléments à charge contre lui, en échange de quoi il me servait la théorie du complot, sans rime ni raison, et sans me faire changer d'avis.

– Vous devez avouer ! Et si vous n'êtes pas capable d'exprimer votre culpabilité vous-même, je peux expliquer votre silence par la honte et présenter vos excuses à votre place.

– Non, puisque je n'ai rien fait !

– Vous réalisez qu'avec ce positionnement, vous faites aussi passer vos petites-filles pour des menteuses ? Que vous allez d'autant plus irriter la cour ? Parce que vous infligerez à ces enfants, que vous dites aimer, un second procès.

Il n'a jamais voulu en démordre et j'ai invoqué la clause de conscience en « dégageant ma responsabilité » par lettre recommandée. Un bon terme pour dire en clair : « Tout ce qui se passera désormais se passera sans moi. » J'ai appris plus tard comment s'était déroulé l'appel. La version de l'accusé n'avait pas varié d'un iota. Il a pris dix-neuf ans. S'il avait reconnu les faits, sans piétiner les victimes par son déni, sa peine aurait pu descendre à douze. Ma conscience allait dans le sens de son intérêt, il aurait dû le comprendre.

Qu'un auteur nie, pour commencer, des faits manifestement établis, ce n'est ni rare ni rédhibitoire. Encore faut-il que je sente, de sa part, une marge de progression. Je conçois le réflexe de protection initial parce qu'il a bien compris que les faits n'étaient ni légaux, ni moraux, ni admissibles. Il arrive même que la honte inhibe la possibilité de reconnaître des faits profondément refoulés. Je peux même estimer cette réaction « saine » dans certains cas. Mais je refuse, pour tenter de soulager la sanction de l'un, d'aggraver la souffrance de l'autre, le plus souvent en vain. L'avantage de défendre des victimes comme des auteurs, c'est que je ne sous-estime pas la douleur des parties civiles. J'en ai pleinement conscience, durant des mois ou des années d'instruction, jour après jour. Même si je sais que la peine ne supprime jamais la peine, en ce que la sanction ne supprime pas la souffrance, je sais aussi qu'une victime humiliée devant la justice, attaquée par un système de défense agressif, peut sortir d'un procès un peu plus détruite encore. Je n'accepte pas de participer à ce désastre.

Ma conscience me le dicte et c'est dans l'intérêt du client, cela tombe bien. Il gagne à être crédible, à vouloir se rendre compréhensible à défaut de pardonnable. À montrer que s'il a pu sembler s'éloigner de l'humanité par son acte, il ne demande qu'à payer sa dette et réintégrer un jour la société.

CHAPITRE QUATRE

Partie civile, main dans la main

Ce sont les victimes qui mobilisent le plus spontanément ma fonction maternante et protectrice. Elles entendent être « réparées », ce qui constitue un défi de taille, que la société semble leur promettre. Or, si la justice peut soulager, elle ne peut pas rendre à l'identique. Mon rôle, au-delà du travail de juriste, d'analyse du dossier, est d'être à leurs côtés, de les conseiller, les accompagner, mais aussi d'expliquer, de consoler, avant d'endosser la responsabilité de porter leurs voix jusqu'aux juges. C'est tellement difficile que pendant longtemps, j'ai été dans une attitude presque « trop » maternante avec mes clients. Je le suis toujours, mais en m'adaptant à ce qu'on attend de moi, tout en cherchant à trouver la « bonne distance ».

Une procédure n'est pas forcément la réponse à toutes les douleurs

L'évolution de la société a amélioré le sort des victimes, on ne peut que s'en réjouir, mais en les prenant encore entre deux feux. D'une part, on entend l'injonction « Hé, fais pas ta victime ! », on leur demande d'être fortes et de ne pas larmoyer. De l'autre, on encourage parfois la survictimisation en assurant à ceux qui souffrent qu'ils vont se voir reconnaître un « statut », quoi qu'ils aient subi. On leur promet presque, quel que soit le type de douleur, que la justice leur donnera raison et qu'ils repartiront du tribunal en ayant « gagné », alors que le parcours judiciaire peut aussi broyer. Selon les juges et le contexte, la justice, surtout pénale, peut ressembler à la roulette russe, laissant un goût amer, source de dégâts au même titre que les faits.

Le rôle de l'avocat n'est pas d'encourager le recours systématique à la procédure, mais de conseiller au client qui se sent lésé ce qui est au mieux de ses intérêts. C'est à moi de lui faire passer ce message, pas du tout dans l'air du temps : est-ce que la procédure vaut le coup, mais aussi le coût ? Mon devoir est de lui dire que la décision favorable n'est jamais garantie, que l'aléa judiciaire est considérable : il y a des procès ingagnables que les pires avocats gagnent et des procès imperdables que les meilleurs perdent, tel est mon adage. La procédure n'annulera pas, du seul fait de son existence, la souffrance endurée. Dans d'autres domaines que le droit pénal, les modes alternatifs de règlement des conflits (médiation, conciliation) permettent d'éviter les incertitudes, voire les dangers de la justice rendue par des magistrats débordés et parfois démotivés. Les recours amiables, les échanges entre avocats de chaque partie, peuvent se révéler plus efficaces, moins coûteux, psychologiquement comme financièrement. Il faut être sélectif dans ses combats, préférer la paix à la guerre, choisir parfois d'être serein dans son coin plutôt qu'avoir raison en public, d'autant que le résultat n'est jamais acquis. Le « vivre avec » est même parfois préférable, c'est ce qu'il m'arrive de recommander. Qu'a-t-on à gagner ? Telle est la question, et un bon avocat invitera à se la poser !

Même en matière de divorce, choix personnel s'il en est, la question de l'opportunité de la procédure existe. Lorsque Béatrice vient me voir, les yeux rougis d'avoir pleuré, elle m'annonce qu'elle veut divorcer de celui qui est son mari depuis vingt ans. Immédiatement, elle avance le motif : il l'a trompée. Et avec un homme. Elle ne peut pas l'accepter, il faut qu'elle divorce, elle est obligée de divorcer. Je la sens dévastée, mais aussi écartelée, alors je l'interroge :

– Il vous a dit qu'il voulait vous quitter ?

– Pas du tout, c'est moi qui fais cette démarche.

– A-t-il fait son *coming out* ? Vous a-t-il dit qu'il était homosexuel ?

– Il prétend que non, il parle de curiosité. Mais enfin il a eu une relation sexuelle avec un homme !

Je traduis donc qu'il n'EST pas homosexuel, mais a connu une expérience unique.

– Et comment l'avez-vous appris ?

– Il me l'a dit. Il dit qu'il regrette, qu'il est désolé, mais c'est trop facile…

C'est peut-être facile, mais pour qu'il ait parlé, il faut qu'il ait éprouvé de la culpabilité, le sentiment d'avoir mal agi en trompant sa femme. J'invite Béatrice à se confier, ce qu'elle fait volontiers parce qu'elle en a gros sur le cœur. Au bout d'une demi-heure, elle m'a raconté vingt ans de vie de couple agréable, avec un mari prévenant, dont la seule faute a été cette expérience homosexuelle unique. Je pose à Béatrice la question :

– Vous l'aimez encore, votre mari ?

– Oui, mais je dois le quitter !

Qu'elle veuille le punir pour la souffrance qu'elle éprouve, je le conçois, mais j'entrevois que sa souffrance va être plus grande encore quand ils seront séparés. Je la sens davantage enfermée dans un « principe » que dans une volonté de divorcer.

– Et lui ?

– Il jure qu'il m'aime...

– Alors écoutez, madame, je vous donne mon humble avis. Je pense que votre décision sous le coup de l'émotion est prématurée. On ne décide pas pour une semaine de douleur de mettre fin à vingt ans de vie commune que vous décrivez sans nuages. Un coup de canif ne crée pas forcément de dégâts irréparables... Une rustine n'empêche pas de se souvenir, mais permet de continuer à avancer. En amour, on ne doit jamais être l'obligé de l'autre, on doit juste composer avec lui. À deux, vous pouvez sauver votre couple. Vous vous aimez, pourquoi vous punir ?

– Ah, vous croyez ?

Sur le moment, le client peut être déçu. Il aurait aimé aller à la guerre. Mais il y aurait eu davantage de blessés, et des blessures irrémédiables. Béatrice n'a pas engagé la procédure ce jour-là. Je ne l'ai jamais revue.

Quand on est avocat, il faut parfois avoir le courage de se priver d'un dossier pour préserver des vies.

Il arrive aussi qu'informé des infimes chances de succès de la procédure qu'il souhaite engager, éclairé du risque énorme d'échec, et après réflexion, mon client fasse le choix de poursuivre. Si tout est compris, et qu'il en fait une question de principe, en connaissance des conséquences prévisibles, « En avant Guingamp ! », toute mon énergie et celle du cabinet seront consacrées à aller jusqu'au bout des choses.

Pour ceux qui subissent les affres de la justice, il faut savoir se battre et aller au front, impérativement ! Même quand tout est contre nous. J'ai ainsi eu à défendre trois femmes parmi la cinquantaine de victimes d'un serial violeur, Dino Scala, dit « le violeur de la Sambre », du nom de la vallée le long de laquelle il perpétrait ses crimes, aux confins de la Belgique. Il avait commencé à sévir en 1988, le procès a eu lieu en 2022, avec cinquante-six victimes, une série telle qu'elles portaient des numéros ! Chacune d'entre elles venait à la barre pour témoigner au fil de trois semaines très éprouvantes. Dino Scala disait ne pas se souvenir de toutes les agressions et en niait fermement certaines. Les plaintes de mes trois clientes avaient d'abord été classées sans suite, faute d'identifier l'auteur. Puis, des années plus tard, à l'arrestation de Scala, elles ont été rappelées et leurs dossiers rouverts. Mais, pour Clara, un ADN prélevé chez elle après les faits ne « matchait » pas avec celui de Scala, et elle a écopé d'un nouveau classement sans suite. J'emploie volontairement le mot « écoper » car il s'agissait pour elle d'une peine, une double peine. J'ai contesté ce second classement en faisant un recours auprès du procureur général : personne n'avait pensé à « discriminer » les personnes de son entourage, c'est-à-dire à comparer cet ADN avec celui de ses proches ou du plombier de passage. Or, ce n'est pas parce qu'il y a un ADN masculin sur une scène de crime que c'est celui de l'agresseur, ni parce qu'il n'y a pas l'ADN d'un mis en cause qu'il s'en trouve disculpé. Tout contribuait à penser que c'était bien Scala qui l'avait sauvagement agressée : lieu des faits, heure du passage à l'acte, et surtout mode opératoire… J'ai obtenu gain de cause, et son cas a rejoint tous les autres. Mais, à l'issue de son instruction, la juge a rendu un non-lieu concernant Clara ! J'ai fait appel de l'ordonnance de non-lieu devant la chambre de l'instruction, qui m'a donné raison. La cour d'assises de Douai a reconnu Clara comme une victime de Dino Scala, ce qui a été, pour elle et sa famille, le début d'une reconstruction. Cette jeune maman d'un enfant unique au moment des faits en a maintenant trois, mais elle vit hantée par le souvenir de cette agression, qui s'était déroulée dans la maison familiale, alors que son bébé dormait au premier étage. Sa terreur pour sa petite fille ne s'est jamais effacée. Son mari avait été jusqu'à murer la porte du garage par laquelle son agresseur était entré, toute la vie était organisée pour se tenir loin du traumatisme, mais savoir que le violeur courait toujours la rongeait encore tant d'années plus tard. Pour la seconde victime, Betty, Scala avait reconnu les faits. J'ai rencontré la troisième, Valérie, lors de la réunion que le juge d'instruction avait organisée pour l'ensemble des victimes afin d'évoquer la fin de l'information judiciaire, les délais et modalités des grandes étapes à venir. Elle était alors sans avocat et m'a désignée. Cette battante, femme musclée et longiligne, agressée un soir en revenant du sport, avait pris conscience de sa vulnérabilité face à un prédateur, et la colère ne la quittait pas depuis. La juge a rendu un non-lieu pour elle aussi après la fin de l'instruction, au motif qu'elle avait décrit son agresseur comme portant une moustache. Or, les enquêteurs avaient entendu la femme et les collègues de Scala sur ce point, et tous affirmaient qu'il ne s'était jamais laissé pousser la moustache. Cependant, la perception, quand on est sous le choc, est affaire complexe, et elle ne parlait pas non plus d'une grosse moustache en guidon de vélo. Elle était révoltée par ce non-lieu, moi aussi. Devant la chambre de l'instruction, j'ai exhorté les magistrats à examiner les différentes photos de Dino Scala figurant au dossier, car sur certaines d'entre elles, on distinguait une ombre de moustache, comme souvent en fin de journée pour un homme très brun. J'ai obtenu que, pour elle aussi, l'ordonnance du juge soit réformée, et devant la cour d'assises, tout le monde a pu constater qu'au-dessus de sa lèvre supérieure, Scala avait le visage plus sombre, question de pilosité mais aussi de morphologie, ce que m'avait expliqué le dessinateur d'audience. J'ai même acheté une brosse à cheveux en poils de sanglier pour en faire une démonstration en cour d'assises : placez-la devant vous à la verticale, les poils en sembleront plus épars, tournez-la à l'horizontale, le rideau de poils deviendra plus dense et semblera épais. Dino Scala a été, pour Valérie comme pour Clara, déclaré coupable des faits qu'elle avait dénoncés.

Dans ce type d'affaire où les victimes sont multiples, accabler l'auteur n'est pas nécessaire, les faits parlent d'eux-mêmes et des questions bien ciblées tout au long du procès permettent de mettre en lumière son vrai visage, son cynisme et sa dangerosité. Si je crois volontiers, pour l'avoir observé, qu'une vie peut basculer dans le crime une unique fois au cours d'une existence, la répétition a de quoi rendre circonspect. Dans ces crimes en série, toute la difficulté pour moi est de redonner à mes clients leur individualité. L'identité de chaque victime risque de se dissoudre dans le drame collectif. Quand j'ai plaidé, j'ai insisté sur l'identité de chacune, en m'adressant à la cour : « Il faut que votre attention pour les victimes soit comme l'amour d'une mère pour ses enfants, que chacune en ait sa part et que toutes l'aient en entier. Vous devez faire comme si chacune d'entre elles était seule. C'est à vous de leur rendre la part d'humanité que Dino Scala leur a volée. » Reconnu coupable de cinquante-quatre crimes sur cinquante-six, dont ceux perpétrés contre mes trois clientes, il a été condamné à vingt ans de réclusion criminelle, le maximum légal pour le crime de viol, avec une peine de sûreté des deux tiers. Il a fait appel et nous attendons ensemble cette nouvelle épreuve.

Procès pénal, l'aléa du verdict

Lorsque la question du dépôt de plainte se pose, il convient de réfléchir à la probabilité de ne pas être reconnu victime, à la distinction entre le statut de victime au regard du droit et le ressenti psychologique. La pression de l'entourage, une analyse erronée, peut avoir encouragé une personne souffrant d'une situation à se ressentir victime, alors que les faits ne sont pas pénalement constitués. Le statut de victime ne doit pas non plus devenir une identité. Toutes les douleurs n'ont pas un règlement juridique ou judiciaire possible. Quand la procédure s'impose, on a beau être victime, on est autre chose que cela. Qu'a-t-on à perdre ? Qu'a-t-on à gagner ? L'étiquetage de victime, comme celui de délinquant dénoncé par Jean Genet, n'est pas facile à porter. Si l'auteur ne reconnaît pas les faits, que les éléments à sa charge sont minces, voire inexistants, le client est entraîné dans une procédure qu'il ne maîtrisera pas, puisque ce sont les juges qui tranchent, même si nous sommes là pour les éclairer. Lorsque deux versions s'affrontent, on peut penser qu'il y en a forcément un qui ment, et l'autre qui dit la vérité. Passer pour un menteur est toujours vécu par la victime comme une double peine.

Mais la réalité n'est parfois pas si caricaturale. Il existe, notamment en matière d'infractions à caractère sexuel, et de plus en plus souvent, ce que j'appelle des « zones grises[1] ». L'un peut très sincèrement se sentir victime, l'autre très sincèrement ne pas se sentir auteur d'un délit ou crime. Je conseille mon client en fonction de mes convictions profondes. Si les faits ne semblent pas constitués avec certitude, j'informe la victime que sa plainte peut être classée sans suite. Pour autant, il est utile de signaler, de dénoncer : une plainte contre un garçon trop « pressant », mais dont il est difficile de démontrer qu'il a agi avec menace, contrainte, violence ou surprise sera classée sans suite. Mais il sera entendu par les services de police, ce qui devrait lui permettre de s'interroger sur son attitude. Et si le nom de cet individu réapparaît au détour d'autres plaintes, son cas quittera la zone grise et son avenir s'assombrira. Lorsque la procédure se poursuit, la victime peut vivre des mois d'espoir et de tracas judiciaires pour finalement voir prononcé un non-lieu. Il est vécu comme un outrage, même s'il ne signifie pas que la victime ait menti, mais juste qu'il n'existe pas de charges suffisantes contre le mis en examen pour le renvoyer devant une juridiction de jugement. La grosse pression qui pèse sur mes épaules va être d'établir que la victime dit la vérité, en déterminant et en évoquant ces charges, afin qu'elles puissent être analysées comme suffisantes. Pour moi, c'est un enjeu humain, pas seulement judiciaire.

À l'audience, les vies sont déballées, décortiquées, pour le meilleur et pour le pire, en particulier devant la cour d'assises, un endroit imprévisible où les surprises sont légion. Tel témoin qui paraissait, à la lecture du dossier, peu fiable, se révèle à la barre particulièrement crédible et même capital. Tel autre au contraire, dont l'audition sur papier semblait

1. Voir chapitre dix, « Nos amis les hommes ».

solide, paraît totalement stupide à l'audience, se contredit, s'emmêle dans des explications fumeuses. Un troisième, en donnant des précisions sur sa déposition, en inversera le sens. Il arrive aussi qu'un intervenant livre un détail jusqu'ici passé sous silence, qui change la perception des faits, offre à l'accusé un alibi, réel ou sorti du chapeau. Témoins, experts, auteurs, victimes, avocats, tout va se rejouer, devant une cour composée de jurés non professionnels, de deux assesseurs magistrats et d'un président dont la personnalité, les penchants, les humeurs, influeront sur le cours du procès, même s'il se doit d'être neutre, et de mener les débats « à charge et à décharge ».

Les jurés représentent la société, et évoluent, comme elle. J'ai connu l'époque finissante où, très pénétrés du sens de leur mission, ils arrivaient un peu endimanchés, sérieux et concentrés. Aujourd'hui, certains sont en tenue à peine décente, le président doit demander d'enlever la casquette à l'envers ou leur expliquer que même en été, on ne siège pas à la cour en débardeur, short ou/et tongs. Il arrive aujourd'hui que certains ne parlent ou ne comprennent pas forcément bien le français, la première condition étant pourtant d'être inscrit sur une liste électorale, donc de nationalité française, ce qui suppose officiellement que l'on parle la langue. On en voit d'autres pianoter en cachette sur leur téléphone le temps d'être appelés, soupirer quand ils sont désignés. Quelques-uns semblent s'ennuyer ferme, et s'ils s'assoupissent, cela leur vaut d'être renvoyés et remplacés. Mais dans leur immense majorité les jurés prennent à cœur leur mission, font preuve de beaucoup d'attention et de concentration, s'investissent totalement dans leur rôle. Je suis très favorable à leur présence dans notre système judiciaire, car ils ne sont pas blasés comme certains professionnels du droit, ils ne banalisent pas, et sont le plus souvent ancrés dans la réalité de notre société.

Le huis clos, fausse bonne idée

Je suis généralement hostile au huis clos, et dois parfois le déconseiller dans les dossiers de viol à mes clientes qui le voient comme une garantie de « secret ». Le réflexe de solliciter le huis clos est, le plus souvent, une conséquence du sentiment de honte. Mais la honte n'a pas sa place du côté de la victime, comme le dit la phrase devenue célèbre : « La honte doit changer de camp ! » Le huis clos est de droit lorsque l'accusé ou le prévenu est mineur, et dans les affaires de viol ou d'agression sexuelle, lorsqu'il est sollicité par la partie civile. Mais le secret, c'est par définition ce que demandent les auteurs de crime, ce sur quoi ils comptent, voire qu'ils réclament à leur victime, son silence, sa honte. Le huis clos, c'est le plus grand service rendu à l'auteur.

J'ai défendu quatre victimes de celui que la presse surnommait « le violeur à la montre ». Ce trentenaire au visage sympathique avait une technique : attirer ses proies à l'abri des regards sous prétexte de l'aider à retrouver sa montre. En fait de montre, douze victimes avaient trouvé l'horreur. La plupart étaient mineures au moment des faits – la plus jeune avait douze ans –, elles s'étaient reconstruites tant bien que mal pendant une décennie, avant que leur agresseur ne soit arrêté, grâce à son ADN. D'une famille de gitans, il bénéficiait du soutien d'une partie des siens, qui ignoraient sa violence et ses « chasses » au gré de ses déplacements. J'avais expliqué à mes clientes l'effet pervers du huis clos qui protège l'accusé, mais j'ai dû aussi briefer avant l'audience les autres victimes qui n'avaient pas pris d'avocat :

– Si vous demandez le huis clos, il restera innocent pour sa famille !

J'ai heureusement réussi à les convaincre. Selon la coutume, avant l'audience, toutes les parties vont saluer le président de la cour d'assises et ses deux assesseurs. Le président demande aux avocats des victimes, et c'était à peine une question :

– Vous solliciterez le huis clos ?

J'ai répondu :

– Non, non.

L'avocat de l'accusé est intervenu :

– Ah, mais mon client souhaitait le huis clos... Enfin il pensait...

Le président a répondu :

– Oui, mais comme la demande ne peut émaner que de la partie civile...

Dommage ! Ses soutiens ont ainsi pu se faire une opinion pleine et entière de ses agissements. Il reconnaissait la quasi-totalité des faits, et avait beaucoup joué la carte du repentir : « Je donnerais ma vie pour me faire pardonner. » Il ne s'agissait que d'une posture, sans aucune authenticité, car lorsqu'en 2019 le verdict a été prononcé, dix-huit ans de réclusion criminelle, le violeur à la montre s'est empressé de faire appel. Lors de l'audience suivante, je lui ai rappelé que pour quelqu'un qui promettait à ses premiers juges de vouloir avant tout tenter de réparer le mal qu'il avait fait, quel qu'en soit le prix à payer, il n'avait pas hésité à infliger à ses victimes l'épreuve d'un second procès pour voir diminuer sa peine. Finalement, la sanction a été plus sévère et il a été condamné à vingt ans de réclusion, le maximum légal pour viol, en 2021. Comme l'a déclaré l'une de mes clientes : « J'avais quatorze ans quand c'est arrivé, j'en ai trente-deux. Je vais enfin pouvoir passer à autre chose. » Comme quoi la justice n'est pas un vain mot, ni ma mission un vain métier. Après des jours d'audience, de tension, de concentration, j'ai moi aussi (presque) bien dormi.

La réparation, mythe et réalité

La justice n'est certes pas, à elle seule, une thérapie, mais elle est indispensable pour permettre un travail de reconstruction, ou de survie. Pour les victimes, les peines infligées à ceux qui ont influé « à perpétuité » sur leur vie, sont presque toujours et irrémédiablement jugées trop légères. C'est bien normal, je n'en disconviens pas. C'est d'ailleurs pour cette raison que la sanction n'est à aucun moment de la procédure du ressort de la victime. La sanction est du ressort du parquet, incarnation de la société. Il y a un vrai travail de pédagogie à effectuer, pour expliquer la différence entre la vengeance, la loi du talion, et la justice telle qu'elle est rendue dans notre pays. La peine prononcée contre un auteur n'est pas faite pour « réparer » la victime. Le mot « victime » n'existe d'ailleurs pas pour la justice, qui estime que celle qui ne s'est pas constituée partie civile est un témoin au moment du procès.

La peine s'évalue au regard de la culpabilité de l'auteur, de sa responsabilité, de sa personnalité, de ses antécédents, des circonstances de la commission des faits, du trouble causé à l'ordre public, et aussi au regard de la perte objective pour les victimes, mais pas seulement. Il y a plusieurs années, la fille de mes clients avait été écrasée par un automobiliste à jeun mais totalement hagard parce qu'il venait d'apprendre son licenciement. J'ai dû leur expliquer pourquoi, même si leur fille était morte par la faute d'un homme, la peine allait être infiniment moindre que si elle avait été tuée par un psychopathe. Pourtant, dans les deux cas, la perte est la même : des parents ont perdu un enfant. Mais c'est la faute de l'auteur qui sera sanctionnée, au regard également de sa personnalité. Je sais aussi qu'une peine de trente ans de réclusion ne les aurait pas davantage « réparés ». Comme je le dis toujours, la peine n'efface pas la peine, la sanction n'apaise pas la souffrance. On en voit la meilleure preuve dans les pays où l'on condamne encore à mort. Les victimes attendent des années le jour de l'exécution, et ce jour-là, elles se demandent : « Et maintenant ? ». Il ne faut pas attendre du quantum de la peine un soulagement ni une sanction à hauteur du drame, au risque de sortir du processus judiciaire plus abîmé encore qu'en y entrant.

Il faut cependant éviter qu'une condamnation particulièrement complaisante ou anormalement clémente soit prononcée, car il s'agit alors d'une injustice criante que j'analyse comme une violence institutionnelle. Ne pas entendre la détresse des victimes, faire fi de leur souffrance, c'est une forme grave de maltraitance qu'il n'est malheureusement pas rare de constater dans nos juridictions. Je m'emploie à l'empêcher, et quand je suis aux côtés des victimes, une grande partie de mon énergie est destinée à emmener avec moi les magistrats et les jurés dans la vie de mes clients, dans leur souffrance, leurs cauchemars, pour leur faire prendre conscience de celui ou de ce qui a été perdu.

Je me dois de dire la vérité sur le processus judiciaire, aussi salutaire que douloureux. Je déteste mentir, et je n'ai jamais dit à mes propres enfants au moment d'un vaccin ou d'une prise de sang : « Ça ne fait pas mal ! » Je préfère être claire, franche et pédagogue : « Ça va te piquer, c'est un mauvais moment à passer mais c'est important pour être en bonne santé. » Le processus judiciaire sera souvent long, ardu, parfois compliqué, parfois douloureux, mais c'est comme crever un abcès qui nous ronge, ou vomir parce qu'on en a lourd sur l'estomac. Il faut le faire, penser à l'après, croire que cela n'ira pas plus mal... en général. Parfois, j'en ai des sueurs froides ou des rages vibrantes.

C'est à l'audience civile, qui, aux assises, suit généralement l'audience pénale, que les magistrats, après le départ des jurés, statuent sur les moyens de « réparer » la victime, en lui allouant une certaine compensation financière. Elle indemnise, mais sans la baguette magique qui permettrait de remettre les choses en l'état. En cas d'inondation, si tous les livres de notre bibliothèque sont endommagés, l'indemnisation donnera en partie les moyens d'en racheter le contenu, préjudice matériel auquel peut s'ajouter un préjudice moral. S'il s'agit d'une vie, psychique ou réelle, l'indemnisation ne remplacera jamais la sérénité ou l'être perdu.

Je me suis battue avec force et conviction, comme une maman, pour Teddy et Samia, les parents de Ryan, dix-huit mois, tué dans un accident de voiture provoqué par un chauffard ivre qui roulait à contresens. Samia allait au travail et déposait d'abord son petit chez sa grand-mère, le fêtard rentrait de boîte. Effroyable. Il a été condamné à une peine de dix-huit mois d'emprisonnement ferme et dix-huit avec sursis, évidemment insuffisante aux yeux de la partie civile que j'avais prévenue comme il se doit car il s'agissait d'un homicide involontaire et d'un délinquant bien inséré et

« primaire », c'est-à-dire sans casier judiciaire. Vient l'audience civile, en présence du représentant de la compagnie d'assurances qui expose son point de vue, son seul objectif étant… que sa cliente dépense le moins possible, sans se préoccuper de la dimension dramatique du dossier : il soutenait que le siège auto de l'enfant ayant été mal attaché, la mort du petit était due à une erreur de sa mère ! Le tribunal, s'appuyant sur cette thèse, a divisé le montant des indemnités versées à la famille, invoquant la faute de la victime ! Comment mettre sur le même plan la conduite en état d'ivresse, la route à contresens, la vitesse excessive et une erreur d'arrimage du siège bébé ? Qu'est-ce qui avait tué cet enfant ? C'était dégueulasse, je ne trouve pas d'autre mot. Quand je suis sortie de là, j'étais hors de moi, comme si on m'avait arraché les tripes. Dans ces cas-là, c'est moi que l'on détruit aussi. Nous avons fait appel sur les intérêts civils, et la cour a désavoué les premiers juges en estimant qu'il n'y avait pas de faute de la victime ayant contribué au dommage, donc au décès de ce petit garçon. J'aurais vu un comble dans le fait que cette famille ne soit non seulement pas réparée par la justice, mais en plus, abîmée ! Cet exemple illustre parfaitement que les dommages et intérêts ne visent pas à « s'enrichir », aucune somme bien sûr ne ramènera Ryan à ses parents ni ne les consolera de sa perte, mais à effectuer une réparation symbolique, représentée par le principe de l'indemnisation et son quantum.

Croire que l'on va comprendre : la grande illusion des parties civiles

Les parties civiles placent un immense espoir en la justice : comprendre. De la perte brutale d'un être aimé, de l'arrachement violent à une existence insouciante, découle systématiquement une recherche d'explication pour tenter de rationaliser l'inacceptable, de donner un sens à ce qui leur a fait perdre tout repère. Cette quête ne sera jamais assouvie, et ce besoin sera plus ou moins frustré selon l'attitude de l'auteur : les dénégations (risquées car la cour est rarement dupe), les prétextes effarants, les allégations mensongères, voire les accusations, projection de la propre culpabilité de l'auteur sur la victime, rendue responsable de son sort, ou encore les excuses inutiles et les demandes de pardons impossibles, même si elles sont attendues. J'entends souvent les parties civiles me dire :

– Il ne demande même pas pardon ?

Et quand l'accusé le fait :

– À quoi ça sert qu'il me demande pardon ? Il croit qu'on peut lui pardonner ?! Il n'est pas sincère, c'est juste pour être moins lourdement condamné !

L'attitude de l'auteur, ses explications, sont toujours insuffisantes parce que, par définition, il n'y a pas de mots pour l'indicible, pas de justification rationnelle à un crime, rien d'audible pour les victimes.

J'essaie de l'expliquer à mes clients, dans la mesure du possible :

– Profitez de ses aveux, il n'y en a pas toujours.

S'ils ne sont pas intervenus durant l'instruction, je vais évidemment chercher à les obtenir en poussant l'auteur dans ses retranchements à l'audience, parce qu'il faut passer par des aveux pour tenter de glaner un minimum d'explications. À vrai dire, même si je place peu d'espoir dans la survenue de ce grand moment de délivrance, il est absolument indispensable pour mes clients que les questions qu'ils se posent soient verbalisées par ma voix. Je provoque souvent chez l'accusé un tel salmigondis d'incohérences que chacun en devient plus apte à se faire une opinion sur sa culpabilité.

Même quand l'accusé reconnaît les faits, il est très fréquent qu'il ne les explique pas ou mal, ce qui plonge la victime ou sa famille dans un océan de frustration. Quand une dame très âgée, que j'avais surnommée affectueusement « mémé Saint-Leu », a été tuée après avoir subi des actes de torture et de barbarie, que peut-on comprendre ? C'est le pizzaïolo du restaurant voisin, au seul motif reconnu qu'il travaille à côté et qu'il passait devant chez elle, qui l'a sauvagement tuée en la violant avec sa canne, ce supplice de l'empalement ayant entraîné la mort. C'était un crime atroce, « gratuit » comme on peut le lire. Sa fille Michèle voulait faire face au criminel, l'entendre, savoir, comprendre : pourquoi avait-il fait subir de tels supplices à sa mère ? Le coupable, Farid C., vingt-six ans, a avoué, tout en disant ne se souvenir de rien. Il a même demandé pardon. Mais il n'a rien pu répéter d'autre que : « C'était mon corps, c'était pas ma tête. » Les experts ont parlé d'altération du discernement, de maladie mentale. Pour la victime, le décryptage est insuffisant. Il la laisse avec ses questions et dans une peine intacte. L'identification du criminel, puis son procès, ont été des étapes d'une importance capitale pour Michèle, mais n'en demeurent pas moins seulement des étapes. Je ne ferai pas d'un ciel d'orage un horizon bleu pour les victimes, mais mon travail d'accompagnement pendant la phase judiciaire les protège, les abrite de la tempête, en espérant qu'elles pourront réapprendre à vivre après des années d'angoisse et de flottement.

CHAPITRE CINQ

Mères au bord de la crise de nerfs

Rien ne me touche autant que les histoires de mères, la problématique de l'attachement, les mères meurtrières de leur enfant, les bébés en danger, tous les « mal de mère ». J'ai toujours été passionnée par les bébés, la petite enfance, l'amour maternel. Je le suis restée, et mon propre parcours de maman n'y a rien changé. J'ai rencontré mon mari à l'âge de vingt-huit ans, avocat aussi, spécialisé lui en droit public, un tout autre domaine que le mien. On se marie beaucoup « entre nous », sans doute parce que chaque conjoint est ainsi apte à comprendre le rythme trépidant de l'autre, ses échéances et les aléas de son humeur du jour. Je ne suis devenue mère qu'à trente-six ans, grâce à la PMA, un parcours du combattant que j'ai dû livrer en parallèle de mon activité professionnelle. Trois ans après la naissance de mon fils, et après neuf FIV, j'ai eu le bonheur de donner naissance à des jumeaux, un garçon et une fille. Mon cabinet était alors en plein essor et comme j'ai allaité les trois, je travaillais bébé au sein ! La tension était à son comble quand il fallait, robe sous le bras, sauter dans la voiture pour filer à une garde à vue, de jour comme de nuit, alors que mon mari pouvait se trouver lui-même en déplacement. On a deux heures pour arriver. Pas question de faire répondre à un gardé à vue qui souhaite notre présence : « Prenez le commis d'office de service, moi je suis en famille ! » J'ai vécu cette situation le jour où j'avais quatre-vingts invités à la maison pour la communion de mes jumeaux, tandis que me demandait à Argenteuil un vieillard sénile, tellement incohérent que les policiers ont soufflé de soulagement en me voyant arriver. Un psychiatre s'est finalement révélé plus utile que moi !

Quand je pars aux assises, c'est plusieurs jours, parfois plusieurs semaines, dans toute la France, en devant souvent dormir sur place. Les vacances – qui s'apparentent plutôt à du télétravail car je n'en prends jamais vraiment – sont organisées en sorte de pouvoir laisser les enfants à mon « plan B », mes parents. C'est bien simple, sans eux qui se tiennent prêts à voler à mon secours où que je sois et qui habitent à cinq minutes, j'aurais dû choisir entre la profession d'avocat et mon rôle de mère. Pas question de trente-cinq heures ou de droits du salarié : avant d'avoir des droits, j'ai d'abord des devoirs.

Dès ma première grossesse, j'ai compris que devenir mère impliquait une force mentale et une énergie physique phénoménales. Arrivée presque à terme, le lundi 30 décembre 2002, j'avais rendez-vous à la maternité pour déclencher l'accouchement, mais le samedi 28, me voilà désignée pour assister deux frères, mis en examen après une bagarre de quartier au cours de laquelle un jeune avait été tué. Le juge d'instruction devait les entendre, comme une dizaine d'autres, et enceinte jusqu'aux yeux, je caressais l'espoir de passer rapidement. J'ai précisé au cas où il aurait la vue basse : « J'accouche après-demain, est-ce que mes clients pourraient être entendus tout de suite ? » Eh bien, le juge d'instruction a entendu les miens en dernier. Le lundi 30, perfusion d'ocytocine, quelques contractions puis plus rien. Circulez, y a rien à voir, et revenez lundi prochain ! Dans la nuit du lundi au mardi, je n'ai pas accouché, mais le tribunal a fait l'objet d'un incendie criminel, alors que les dossiers n'étaient pas encore numérisés à l'époque. On ignorait quels dossiers étaient sauvés ou non, et dans quel état. Comme l'avait résumé le procureur de l'époque avec un remarquable esprit de synthèse : « C'est le Bronx ! » La justice, déjà lente, allait encore prendre du retard, ce dont j'ai dû aller informer mes clients en détention, gros ventre en avant, le mercredi. L'un des deux frères, tout heureux de me voir, me lance : « Alors, Maître, ça s'est bien passé, votre accouchement ? » Mieux vaut en rire…

Dans ma profession, il n'est pas envisageable de faire passer les questions personnelles avant la mission. Pendant la grossesse de mes jumeaux en 2005, j'étais attendue à Brazzaville, au Congo, pour plaider un dossier de crimes contre l'humanité pendant plusieurs semaines. Le dilemme avait été terrible : quel était mon plus grand devoir, protéger une grossesse difficile ou être aux côtés des clients qui comptaient sur moi ? Je suis partie, j'ai plaidé, et je ne l'ai pas regretté puisque nous avons gagné.

Les réactions de mes interlocuteurs au dernier trimestre de cette grossesse gémellaire étaient très révélatrices d'une compassion qui s'arrêtait à leur propre zone de confort. Les confrères soupiraient en regardant mon gros ventre : « Caty, tout de même, tu devrais te reposer… Dis-moi, ça t'ennuierait que je passe avant toi à l'audience ? Parce que là, je suis pressé. » Les magistrats, eux, me lançaient : « Enfin, Maître, vous êtes encore là ? Ce n'est pas raisonnable. Mais… non, je ne souhaite pas renvoyer cette affaire à une autre date. » Quant aux clients, ils me plaignaient : « Ma pauvre, il faut prendre soin de vous… Mais c'est bien vous qui plaiderez mon dossier, la semaine prochaine ? » Je comprends. J'ai fait avec, parce que j'ai un beau métier, des parents aux petits soins, une qualité de vie et des bases solides qui me tiennent debout, mais les autres mères ? Pour les comprendre, j'avais été à bonne école.

Fragiles bébés, vulnérables mères

Les affaires dont je m'occupe m'ont parfois renvoyée violemment à ce que je vivais ou à mon propre statut de mère. Carine, la petite trentaine, reconnaissait les faits qui avaient abouti à la mort de l'une de ses jumelles, alors âgées d'un mois. Immédiatement, la gémellité me parle, forcément. Elle avait aussi une petite fille de dix-huit mois, soit trois enfants en bas âge dont elle s'occupait souvent seule, alors que son mari avait des horaires de travail extensibles. Devant moi, Carine était très dure, très fermée – son mari plus doux mais guère plus prolixe –, et je devais vraiment la faire « accoucher » de ses difficultés, des circonstances ayant conduit au drame, de son ressenti. La veille de la tragédie, à bout de nerfs parce que ses trois filles avaient besoin d'elle en même temps et s'étaient mises à pleurer, Carine avait jeté dans son lit l'une de ses jumelles pour donner le biberon à l'autre, et le repas à son aînée. Quand son mari était rentré, ils s'étaient couchés, sans rien remarquer de particulier. Le lendemain, la petite était sans vie.

Les examens avaient vite conclu au syndrome du bébé secoué. Les premiers mois, un tel geste suffit à entraîner des lésions conduisant à la mort, sans que des coups soient portés. Le cerveau du très jeune enfant ne remplit pas sa boîte crânienne, et toute action trop vive peut provoquer à l'intérieur un mouvement qui engendre un cisaillement des vaisseaux sanguins, puis un écoulement hémorragique qui va, faute d'intervention rapide, détruire les fonctions vitales. Je suis devenue incollable sur ce sujet. Il s'agissait de violences ayant entraîné la mort sans intention de la donner, un crime passible de la cour d'assises. Ces parents étaient tellement détruits qu'il fallait leur extirper les mots de la bouche, aucune émotion ne filtrait, en particulier de la part de la maman, un vrai problème dans la perspective de l'audience. Jusqu'au procès, j'ai passé mon temps à lui répéter que je ne la jugeais pas, que je la comprenais, que j'avais moi-même des jumeaux, que je savais à quel point c'était difficile, que j'avais eu l'immense chance d'être très aidée, et que je n'y serais jamais arrivée seule…

Quand elle s'est avancée à la barre le jour J, je tremblais : quel message allait-elle faire passer auprès du jury ? Comment allait-elle être perçue ? Je lui avais conseillé : « Parlez avec votre cœur, soyez sincère, soyez profonde, soyez sans pudeur… » Et là, contre toute attente, elle a lâché :

– Ma fille est toujours là, dans ma tête. Je vois toujours deux lits où il n'y en a plus qu'un. Quand on me demande, par exemple au restaurant, combien j'ai d'enfants, je réponds toujours « trois ».

Je l'écoutais, bouleversée mais rassurée par sa spontanéité inédite, quand elle a poussé la sincérité jusqu'à souligner : « Pour moi, l'insupportable, c'est d'avoir conscience qu'il y a des mères de jumeaux qui n'ont pas tué leur bébé… »

Je me suis pris un uppercut de culpabilité ! Je ressassais :

« Tout ce que tu as dit pour la consoler n'a fait que l'enfoncer, tu lui as fait du mal... » Carine n'a jamais su les rivières que j'ai pleurées ce soir-là. Lorsque le lendemain je me suis levée pour aller plaider, j'étais portée, mue par un besoin impérieux de faire comprendre la fatigue extrême, le désarroi, la perte de repères, et puis la culpabilité, la souffrance, la haine de soi, le désespoir. Elle avait fendu la carapace, celle des juges et des jurés, ce qui lui a valu le verdict d'une peine symbolique, avec sursis. Être sincère encourage le client à l'être, qualité qui rend le plus convaincant.

Si la naissance d'un enfant fait disparaître définitivement la légèreté en même temps que la liberté, la culpabilité s'ancre aussi en chacun de nous au moment où l'enfant paraît. J'en ai eu la meilleure illustration avec un autre couple de parents qui m'a profondément marquée parce qu'ils s'étaient convaincus qu'ils étaient coupables, bien aidés par des enquêteurs persuasifs. À l'issue d'un week-end, Alain et Guislaine avaient emmené Claire, leur fille de quelques mois, chez la nourrice. En début d'après-midi, cette dernière appelait les secours et le bébé était emmené à l'hôpital où, malheureusement, il décédait. Quelques semaines plus tard, endeuillés comme on l'imagine, ils se retrouvent placés en garde à vue où on leur annonce que leur fille présentait toutes les caractéristiques du bébé secoué, une hémorragie sous-durale, mais également une fracture au poignet. Lorsque je les rencontre à l'issue de leur garde à vue, ils sont anéantis par la perte de leur bébé, mais aussi déphasés par les heures passées à être interrogés puis remis en cellule. Quand je m'entretiens avec eux avant qu'ils ne soient présentés à la juge d'instruction, je les trouve complètement désemparés. Ils ont tous deux avoué, elle d'avoir cassé le poignet de Claire, lui… aussi, et également d'avoir secoué sa petite fille. Mais quand je lis les procès-verbaux, je note une évolution particulière. Dans un premier temps, au moment où on laisse les gens dérouler leur version, l'un et l'autre racontent avec beaucoup de détails la dernière semaine de vie de Claire. Je découvre que quelque temps avant le drame, toute la famille a été malade. Les parents, attentionnés, ont conduit Claire chez le pédiatre une première fois. Quand elle a commencé à vomir, ils ont imaginé un lien avec le virus initial, l'ont ramenée chez le pédiatre, qui a diagnostiqué une gastro et prescrit un traitement. Comme son état ne s'améliorait pas, le week-end suivant, ils ont conduit leur fille aux urgences. Le lundi, puisqu'elle n'avait pas de fièvre, ils l'ont déposée chez la nourrice qui la gardait depuis une dizaine de jours. C'est là qu'elle aurait été prise de vomissements et se serait évanouie, conduisant la nounou à appeler les pompiers, avec l'issue fatale que l'on sait. L'attitude de mes clients était à des années-lumière de celle de parents maltraitants, qui évitent en général les médecins, pédiatres et toute personne pouvant soupçonner quelque chose. Or, s'il n'y avait eu « que » les symptômes d'un secouement, il aurait pu s'agir d'un épisode unique de débordement, de violence, mais le trait de fracture au poignet de l'enfant évoquait plutôt des maltraitances répétées.

Les questions des enquêteurs, plus précises au fil des interrogatoires, orientaient les parents en leur indiquant que l'origine de l'hémorragie sous-durale fatale s'était inscrite dans le week-end. La petite avait-elle été confiée à quelqu'un durant ces deux jours ? Avaient-ils reçu du monde, une personne qui aurait pu s'en prendre au bébé ? Non… Et comme on leur répète que le drame trouve son origine dans le week-end, naturellement, ils ne peuvent qu'en être coupables. On les sent alors s'interroger sincèrement, et le plus beau est que chacun analyse ses propres gestes, sans imaginer une seconde que ce peut être la faute de l'autre. Les hypothèses se succèdent, chacun pensant avoir pu casser le poignet, notamment Alain quand il rhabillait Claire à l'hôpital durant le compte rendu du médecin, elle avait été prise d'un spasme, il avait pu la saisir fortement. Guislaine, entendue dans un autre bureau où elle est éreintée de fatigue, y va aussi de son explication. La semaine précédente, quand tout le monde était grippé, Claire a pleuré la nuit, comme souvent. Or Guislaine a une malformation importante du pied qui nécessite une chaussure orthopédique pour marcher. La nuit, elle se déplaçait à genoux et le frottement avec la moquette la brûlait, alors près du lit, elle avait pu attraper sa fille par le poignet un peu maladroitement pour la tirer vers elle. J'ai l'idée de lui demander de me montrer le geste qu'elle aurait fait, et je réalise qu'elle a attrapé sa fille par le poignet droit, or c'est le gauche qui est cassé ! C'est moi qui le lui apprends, car tout au long de la garde à vue cela n'a jamais été précisé. J'acquiers la certitude qu'elle est innocente, rien ne colle ! Alain et Guislaine sont profondément sympathiques, des gens pleins de bonne volonté, qui pensent avoir peut-être nui à l'être qu'ils chérissaient le plus. Alain a fini par dire qu'il avait pu la bercer trop fort, ce qui n'est pas un secouement et ne saurait à mes yeux entraîner le décès. J'ai obtenu du juge d'instruction – à l'époque, il n'y avait pas de juge des libertés et de la détention – qu'ils restent en liberté, mais le parquet a fait appel pour Alain. J'ai dû aller plaider devant la Cour en demandant qu'il ne soit pas incarcéré et j'ai obtenu gain de cause. Cette histoire me hantait au point que je tourne et retourne le dossier dans tous les sens : ce bébé était-il vraiment mort après un mauvais geste ? Il n'y avait aucune alternative à la faute des parents, mais je ne pouvais m'y résoudre. Il fallait pourtant bien expliquer ce décès. Un jour, mon dossier sous le bras, je suis allée consulter un neurologue réputé à l'hôpital Georges-Pompidou. Il m'y a donné ce précieux conseil :

– Vous devriez demander l'expertise d'un neuropédiatre.

J'en fais donc la demande auprès du juge d'instruction qui en nomme deux. Les deux confirment que le bébé est bien mort d'avoir été secoué… L'impasse.

Le temps s'écoule. La juge avait prodigué aux parents le conseil d'éviter d'avoir un enfant d'ici le procès lorsqu'elle a pris la décision de les laisser en liberté, leur précisant que cette liberté pouvait ne pas durer. Les parents me confient un jour :

– Et puis c'est tellement difficile de ne pas avoir le droit d'avoir un autre enfant…

Je leur ai expliqué qu'il ne s'agissait pas d'un interdit judiciaire ! Ils ont alors eu un bébé, puis un second, pour continuer à vivre et ne pas rester ancrés dans ce deuil impossible.

Quand nous avons été convoqués devant la cour d'assises, j'étais résolue à plaider le double acquittement, persuadée comme rarement de leur innocence.

La loi veut que la nourrice, citée comme témoin, soit privée du droit d'assister aux débats avant son audition, mais son mari est présent dans la salle, et je le sens en repérage. À la barre, la nounou raconte qu'elle-même était enceinte de son deuxième enfant, avec un premier d'un an et demi sur les bras, quand elle a commencé à garder Claire. C'était sa première expérience de nourrice agréée. Je demande :

– Vous avez gardé d'autres bébés, après le décès de Claire ?

– Non.

– Pourquoi ?

– Parce que j'étais traumatisée… Parce que c'était déjà assez de travail de gérer mes deux enfants. Pour que… ça n'arrive plus.

– Quoi donc ?

– Un bébé qui meurt.

L'impression qu'elle me laisse est très mauvaise. J'acquiers la conviction qu'il y a quelque chose de pas net quand je vois que la nourrice, qui se dit très concernée par ce décès, ne restera pas à l'audience comme elle en a pourtant le droit après son témoignage, et son mari non plus.

Mais le procès a vraiment basculé lorsque les deux neuropédiatres sont venus faire leur rapport à la barre. J'avais espéré qu'ils trouvent une explication au décès de Claire autre que le secouement, mais ils persistent. Jusqu'à ce que je les interroge sur ce qui a été tenu pour acquis depuis le début de l'enquête : la date. Elle a motivé les « aveux » de mes clients, mais peut-on être certain que c'était pendant le week-end ? Et là… coup de théâtre ! Ils expliquent qu'il n'y a aucune certitude sur la date des faits, que les symptômes comme les vomissements en fin de semaine précédente étaient sans doute déjà un signe de souffrance cérébrale. Je poursuis en racontant l'épisode du « spasme » à l'hôpital raconté par Alain. Selon eux, il peut être la conséquence d'un saignement intracrânien.

Claire était choyée, adorée, filmée, photographiée, elle était en bonne santé jusqu'à ses premiers jours de garde chez la nourrice. CQFD. Je l'ai plaidé, l'ai démontré. J'ai dû expliquer les conditions des aveux. Alain et Guislaine ont été acquittés.

Après le procès, je suis allée voir l'avocat général :

– Est-ce que le parquet va poursuivre la nourrice ?

Mais pas question que l'institution « se ridiculise » après avoir poursuivi les deux parents. J'ai demandé à mes clients s'ils voulaient que l'on porte plainte contre la nourrice, mais en les prévenant de l'aléa, le résultat n'était pas garanti. Ils avaient renoué avec la vie, l'épreuve du procès était derrière eux, et cette femme ne gardait plus d'enfants. Ils ont préféré tourner la page.

En revanche, un projet me paraissait symboliquement essentiel : saisir la CIVI (Commission d'indemnisation des victimes d'infractions), là pour pallier la carence de l'auteur quand il est introuvable, insolvable ou mort. Cette indemnisation était le seul moyen judiciaire de faire passer mes clients du rang de suspects – même innocentés – au rang de victimes. La CIVI m'a suivie, mais le Fonds de garantie a fait appel sous prétexte qu'ils auraient pu être acquittés parce que le bébé ne serait pas mort d'avoir été secoué ! Je me suis encore battue. J'ai produit des pièces prouvant que la cause de la mort ne faisait aucun doute. Dix ans jour pour jour après le décès de Claire, la cour d'appel de Versailles m'a donné raison. Non seulement j'avais permis qu'ils soient reconnus innocents, mais l'État admettait aussi que quelqu'un d'autre avait tué leur petite fille, et qu'ils étaient des victimes. C'était une belle victoire, pas comme si rien ne s'était passé. Dans ces moments-là, on se dit que l'on exerce la plus belle profession du monde.

Et à d'autres moments, la pire ! Mon fils aîné devait avoir trois mois quand j'ai dû étudier un dossier, le soir, seule au cabinet. Dans la procédure, des photos du bébé décédé de mes clients… On l'avait retrouvé mort dans son lit lors d'un week-end qui, comble de la cruauté et du symbole, rassemblait de nombreux convives à l'occasion de son baptême. Le décès avait été provoqué par un tiers puisqu'on avait retrouvé son corps sur le sol de la chambre, son pyjama retiré. Ce ne sont pas les photos au cours de l'autopsie qui m'ont le plus dévastée, mais celles prises juste avant, de ce bébé allongé avec sa couche sur le zinc glacé de la table d'examen. Un petit blond aux yeux bleus... comme mon fils. On aurait dit qu'il dormait, et il était mort. J'ai fait une attaque de panique, appelé chez moi en hurlant, pleurant, et j'ai foncé vérifier que mon bébé était bien vivant, dans son berceau. J'étais tellement accrochée au lit, secouée de larmes, que j'avais la marque du rotin sur mes mains. C'était ultra-violent, l'une des fois où j'ai été touchée de plus près, instinctivement, sans que l'émotion ne passe par mon cerveau. La suite de cette affaire ne m'a pas épargnée non plus puisqu'en présence des parents de ce bébé, brisés par la douleur, il a fallu faire la reconstitution. Deux enfants d'amis, de six et huit ans, qui se trouvaient dans la chambre au moment de la découverte du corps, avaient juré : « Ce n'est pas nous, on l'a retrouvé comme ça ! » L'un d'eux s'était recroquevillé derrière une porte, l'autre tout aussi penaud. Mes clients comme moi avions notre idée, mais galvanisés par leurs propres parents et par leur avocat, les deux enfants refusaient d'effectuer les gestes demandés par le juge d'instruction, comme grimper dans le lit à barreaux. Ce dossier m'a laissé une impression de désastre, à cause de la tragédie du deuil de mes clients mais aussi de ces deux enfants, à qui les parents interdisaient sans doute de libérer leur cœur et leur conscience. Les accompagner pour qu'ils puissent formuler leur culpabilité, au lieu de chercher à les protéger à tout prix, m'aurait semblé plus judicieux. Ces deux enfants étaient trop jeunes pour être responsables pénalement. La responsabilité civile de leurs parents était couverte par leur compagnie d'assurances. Je n'ai pas compris la stratégie de défense de leur avocat qui faisait systématiquement obstruction aux tentatives de manifestation de la vérité. Un non-lieu a été rendu par le juge d'instruction. Mes clients n'ont jamais entendu de verdict de culpabilité. Leur bébé était mort par la faute de personne aux yeux de la justice...

Je comprends la détresse des mères, de celles qui ne le sont plus, comme de celles qui ne parviennent pas à l'être, telle cette jeune femme qui, l'espace de quelques heures, avait soustrait un nouveau-né au sein de la maternité, provoquant une terrible détresse chez la jeune accouchée, bien sûr. C'est pourtant la coupable que j'ai défendue, victime du syndrome du ventre vide, à la merci de ses émotions, avant de prendre conscience de son acte et de ramener l'enfant indemne. Je savais sa douleur. Les mamans, je les entends de l'intérieur.

Régine, criminelle par empathie

Et puis il y a les mères que la société veut croire criminelles... En juillet 1999, Régine Salvat, biologiste de formation, a été mise en examen pour tentative de meurtre sur mineur de moins de quinze ans par ascendant. Mariée, elle était la mère de Rémy, quatorze ans, atteint d'une maladie dégénérative terrible qui lui valait de multiples handicaps s'amplifiant depuis la naissance : difficultés motrices, strabisme, diplopie, le diagnostic avait mis des années à être posé, après une longue errance thérapeutique. On avait même cru Régine mythomane, victime du syndrome de Münchhausen par procuration, avant que les médecins ne constatent d'eux-mêmes que Rémy régressait inexorablement. Régine avait dû renoncer à toute vie professionnelle pour s'occuper de lui, qui souffrait autant qu'elle parce qu'il était très intelligent, et parfaitement lucide. Toute la vie de famille était organisée autour de Rémy, le malheur faisant fuir les relations comme s'il était contagieux. Une semaine d'été, ils s'étaient toutefois aventurés chez des amis, lesquels n'avaient pas compris ni accepté le handicap de Rémy. Rejetés, mes clients étaient rentrés prématurément chez eux, Régine bouleversée, une mère restant une louve. C'est le soir même qu'éreintée par le chagrin et les contrariétés, elle s'est entendue chantonner dans sa salle de bains : « Il est libre, Max, y en a même qui disent qu'ils l'ont vu voler ». Elle avait un petit sac plastique en main, qu'elle allait mettre dans la poubelle, mais elle s'est dirigée, tel un robot, dans la chambre de son fils pour l'étouffer dans son sommeil. Elle ne voulait plus qu'il souffre, elle le voulait libre. Rémy s'était réveillé suffisamment tôt et débattu. Elle avait suspendu son geste, effarée. Mais le médecin de famille à qui elle s'était confiée avait jugé de son devoir de signaler les faits au parquet.

J'ai épargné la détention à Régine, mais elle s'est vue interdite de département, exilée dans un gîte loué pour l'occasion, privée de son mari et de ses enfants, qui réclamaient son retour. Je me suis battue pour qu'on la laisse réintégrer son domicile au bout de deux mois. Elle se sentait assez coupable et ne risquait pas de recommencer. Son angoisse majeure, c'était que Rémy se tue. Quand le juge d'instruction m'a dit qu'il souhaitait la renvoyer devant le tribunal correctionnel pour violences volontaires par personne ayant autorité, je m'y suis opposée :

– Non. Soit on va au bout et on dit qu'elle a voulu le tuer, et en ce cas, ce sont les assises pour tentative d'homicide, soit on estime qu'elle s'est désistée volontairement de son entreprise, et il faut rendre une ordonnance de non-lieu.

Régine assumait son intention d'avoir voulu donner la mort à son fils dans un instant de bascule. Je ne doutais pas non plus qu'un jury d'assises saurait entendre la détresse de ce tandem qui n'était que souffrance, se mettre à la place de la mère, du fils, ou des deux. En revanche, renvoyer Régine devant les magistrats professionnels du tribunal correctionnel, c'était assurer une déclaration de culpabilité et une sanction, fût-elle symbolique. Et moi, je ne voulais pas que Régine soit sanctionnée. J'aurais trouvé cela humainement injuste et insupportable, elle souffrait déjà bien trop ! En octobre 2001, j'ai fini par obtenir un non-lieu, l'abandon des poursuites, mais mon histoire avec Régine Salvat, une femme émouvante et profonde qui écrira plus tard son histoire[1], n'était pas terminée pour autant.

En août 2008, Régine m'a appelée pour m'informer que Rémy avait mis fin à ses jours alors qu'il allait fêter ses vingt-quatre ans, revêtu de sa tenue d'arts martiaux, sa passion. Prisonnier de son corps, il avait auparavant dicté une lettre à sa mère, qu'il a envoyée à Nicolas Sarkozy pour lui demander d'autoriser son euthanasie. Quand il a reçu la lettre de refus, c'est seul avec son dictaphone qu'il a enregistré un message pour expliquer son geste et qu'il a mis fin à ses jours avec des médicaments. Immédiatement, une enquête a été ouverte pour « recherche des causes de la mort ». À la demande de Régine, pour faire en sorte que

1. Régine Salvat, *Une histoire à tenir debout*, Jean-Claude Lattès, 2011.

Rémy soit le dernier à mourir seul et sans aide, j'ai médiatisé la fin de vie de son fils.

Entendre la détresse d'une mère dans une situation particulière, à un instant particulier, avec un enfant à l'intelligence et la maturité particulières, ce n'est pas cautionner le meurtre des enfants atteints d'un handicap. C'est prendre en considération l'inéluctabilité d'une terrible dégradation, d'une souffrance indicible et sans espoir de rémission, c'est être humain.

Rémy, lui, m'avait appelée un jour, et dit cette phrase dont je me souviendrai toute ma vie :

– Je n'en ai jamais voulu à maman d'avoir voulu me tuer mais je lui ai souvent reproché de m'avoir raté.

Il avait appris que je défendais Lydie Debaine…

Lydie, un acte d'amour

C'est sans connaître l'histoire de Régine que la sœur de Lydie, la petite soixantaine, a fait appel à moi en mai 2005. C'est l'un des dossiers pour lesquels je me suis le plus battue dans ma vie. Contrairement à Régine, Lydie s'épanchait peu, ne s'attendrissait pas au premier contact, endurcie par vingt-sept ans auprès d'une fille polyhandicapée physique et mentale, incontinente, épileptique, en proie à d'atroces souffrances en fin de vie au moment des faits. Ne supportant plus de voir l'état de sa fille se dégrader, Lydie l'avait mise en maillot de bain, par pudeur, dans la baignoire parce qu'elle aimait bien l'eau, lui avait administré des médicaments, et l'avait noyée, avant de tenter de se suicider elle-même. Mais son mari était arrivé à temps pour appeler les secours. Il s'agissait d'un meurtre, et même pire, d'un assassinat, mûrement réfléchi et prémédité. Quand un criminel vous dit : « Je ne regrette pas mon geste », l'affaire s'annonce normalement complexe, mais là encore, tout est question de contexte. Elle avait un but et un seul : soulager sa fille, anticiper sa mort pour lui épargner la souffrance. Contrairement à ce qui a été rapporté par certains médias, elle n'avait aucun rejet du handicap. Elle avait été une mère parfaite d'une fille handicapée pendant vingt-sept ans, et son propre mari était handicapé !

Après plusieurs années d'instruction, j'ai reçu Lydie à mon cabinet afin de lui expliquer comment allait se dérouler l'audience à venir et la préparer pour affronter la cour d'assises :

– Je ne suis pas une criminelle. Ce que j'ai fait, je l'ai fait par amour pour ma fille, m'a-t-elle dit.

Je me suis entendue lui répondre :

– Si ce n'est pas un crime mais un acte d'amour, voulez-vous que je plaide l'acquittement ?

Je ne lui donne pas l'illusion que je vais réussir, c'est une mission impossible, mais elle me demande de porter sa voix en ce sens.

Nous voilà en avril 2008 devant les assises de Pontoise. Je plaide en retraçant vingt-sept ans de calvaire et la souffrance physique d'une enfant dont l'état se dégrade inexorablement. J'ai commencé ma plaidoirie en tendant la main aux jurés : « Suivez-moi, je vais vous emmener découvrir la vie de Lydie et celle d'Anne-Marie, sa fille unique, son amour inconditionnel, sa priorité absolue, la raison ultime de son existence. » Je leur raconte tout ce que Lydie a enduré, depuis l'accouchement tragique pendant lequel le bébé a manqué d'oxygène, entraînant des séquelles très sévères, l'annonce du diagnostic d'infirmité motrice cérébrale profonde, les amis qui ne font aucune visite à la maternité, les autres mamans rayonnantes, les autres papas fiers, et ce couple avec ses angoisses, ses questions sans réponses. Je raconte les sorties au parc, les regards lourds ou fuyants, les pleurs des autres enfants pour un genou écorché alors qu'ils peuvent courir, jouer, sauter, tandis qu'Anne-Marie est clouée dans sa poussette. Je raconte la croissance, les problèmes qui en découlent, notamment de corset pour pouvoir l'asseoir, mais aussi les problèmes qu'ils n'auront malheureusement jamais – d'orientation scolaire, de futur professionnel. Je raconte l'hébétude lorsque la petite fille devient jeune femme, qu'elle ne peut rien faire seule, qu'il faut la choyer, la nourrir, la laver comme un petit bébé. Je raconte les nuits sans sommeil, Lydie allongée par terre sur un tapis pour veiller sa petite qui geint, qui gémit, sans pouvoir la soulager totalement. Je raconte aussi l'inquiétude, la trouille pour cette maman de se voir vieillir et l'interrogation lancinante comme une lente torture : « Et si je n'étais plus là pour elle, et s'il devait m'arriver malheur ? » Comme si le malheur n'était pas déjà là, plus présent chaque jour… Je souligne la sincérité de cette femme qui ne cherche pas à tricher, à échapper à sa responsabilité, qui n'est coupable que de sacrifice et d'amour. Je termine en suppliant les jurés :

– Quand on vous demandera si Lydie est coupable, vous répondrez non.

Dans les couloirs du palais, en attendant le verdict, Lydie est enfermée avec sa conscience, souvent dans son coin, près de son mari qui l'a toujours soutenue, tandis que j'engloutis du chocolat en proie à mes pensées. Ma démarche était symbolique, mais sincère, et j'espérais secrètement : ai-je su transmettre ce qu'éprouvait Lydie, qu'elle exprimait si peu ?

Est-ce qu'en plaidant l'acquittement, je ne suis pas allée trop loin ? L'avocat général avait réclamé qu'elle soit déclarée coupable et condamnée à trois ans d'emprisonnement avec sursis. Quand, au bout de vingt minutes, nous sommes rappelés pour entendre le verdict, ma peur monte d'un cran. Vingt minutes, c'est du jamais vu ! Les délibérations prennent normalement plusieurs heures.

Et là, j'entends : « À la question "Lydie Debaine est-elle coupable ?", la cour et le jury ont répondu "non". »

L'émotion, les larmes, la joie et la peine à la fois, ma cliente, d'habitude si peu démonstrative, m'est tombée dans les bras. À la sortie, une journaliste lui a collé un micro sous le nez, mais je me suis interposée très fermement. J'ai protégé Lydie comme une tigresse. Elle m'avait dit ne pas vouloir parler à la presse, il n'était pas question qu'on l'approche.

Les jours suivants, les médias m'ont poursuivie pour obtenir des interviews. Mais pour parler de quoi ? D'une mère qui tue, ce scandale en soi, ou soulever le débat sur l'euthanasie ? Ils voulaient Lydie-la-mère-qui-tue. J'ai regretté que l'on ait changé d'époque par rapport à celle où Gisèle Halimi avait soulevé le débat sur l'avortement en défendant une accusée de ce « crime », faisant évoluer la loi et légaliser le geste médical. J'aurais aimé, moi, que l'on débatte sur la base d'un exemple concret de la question de la fin de vie, qui fait mourir de faim et de soif comme le recommande la loi Leonetti, alors qu'une injection létale serait tellement plus humaine. Même mon chien Louxor, mon auxiliaire de justice, je lui ai épargné la souffrance et je lui ai dit au revoir décemment tandis que mon frère, vétérinaire, mettait fin à sa vie plutôt qu'assister les bras croisés à sa lente agonie. Je lui ai fait des câlins, je l'ai regardé s'endormir, et à défaut qu'il soit éternel, j'ai gardé de ce moment un doux souvenir.

L'affaire Lydie Debaine n'était pas finie. Le procureur de la République peut faire appel sur le quantum d'une peine quand il l'estime insuffisante, mais pas sur un acquittement. Il a cependant au-dessus de lui une instance de contrôle, le procureur général, qui peut le faire. C'est ce dernier qui m'a invitée, ou plutôt convoquée, à venir m'entretenir avec lui du dossier dans le délai d'appel de dix jours après le verdict d'acquittement. Je suis allée plaider ma cause, je veux dire celle de Lydie, en lui expliquant que ce n'était pas de l'eugénisme, ni un blanc-seing aux parents de personnes porteuses de handicap, ni même aux proches de personnes en fin de vie. Il fallait considérer l'ensemble des circonstances. En vain. Le procureur général m'a répondu :

– On ne peut pas envoyer le message de l'impunité pour le meurtre d'un enfant handicapé.

Et il a fait appel.

Pendant près d'un an, en attendant le nouveau procès, à Versailles cette fois, cette affaire m'a hantée, me réveillant presque toutes les nuits. Je me maudissais d'avoir plaidé l'acquittement alors qu'une peine faible aurait épargné un second procès à ma cliente. Je me mettais une pression énorme, car en appel, je devais, impérativement cette fois, obtenir son acquittement, sinon, à quoi bon ? À quoi aurais-je servi ?

À Versailles, les choses se déroulent très mal. La présidente est impitoyable, imperturbable, implacable, sa froideur est palpable. D'emblée je ressens que les jurés ont été briefés : les corps parlent, leurs attitudes sont éloquentes, bras croisés, haut du corps en retrait… J'imagine ce qu'ils ont dû entendre lors de la demi-journée qui est destinée à les former pour cet exercice particulier : « Vous ne devez pas écouter l'affection, c'est dans votre serment », « Vous devez être neutres, ne pas manifester votre opinion ». Mon dossier est « sensible », « signalé », porteur d'un message d'ordre public qui a motivé l'appel du parquet général, donc pas question de laisser les jurés faire autre chose qu'appliquer strictement le droit. Trois experts, médecin légiste, psychiatre et psychologue, évoquent le cas médical d'Anne-Marie, le psychisme et la personnalité de ma cliente. Mais ils sont interrompus lors de leurs explications par la présidente, qui les « recadre » fermement s'ils s'égarent quelque peu sur le terrain de l'affect. Les trois, pourtant des habitués de la cour d'assises, me confieront ensuite qu'ils gardent un souvenir pénible de cette audience : « J'ai eu l'impression de déposer devant un mur de glace », « J'en avais encore sous la pédale, je n'ai pas pu l'évoquer », « Je me disais : ils veulent la mettre en prison ! ».

L'audience est menée tambour battant, sans aucune place pour l'humanité, l'émotion y est interdite. J'en suis malade… Toutes mes tentatives pour faire comprendre à la cour, par des interventions, des questions, la réalité du dossier se soldent par des fins de non-recevoir : « Les faits, rien que les faits ! » Ma cliente est enfermée dans sa peine, plus verrouillée que jamais.

Au moment où la présidente annonce qu'elle va clôturer les débats et donner la parole à M. l'avocat général pour ses réquisitions, je fais l'amer constat que les jurés ne connaissent pas Anne-Marie. On lui a laissé, malgré mes efforts, si peu de place dans cette audience que je demande à ce que soit présentée une photo d'elle.

Stupeur dans la salle. Il s'agit d'un simple portrait, son visage d'adolescente montre le degré de son handicap, son absence au monde, sa souffrance. Il fallait qu'elle soit là, au moins en photo, parce que le déroulé des débats rendait la situation désaffectée au sens strict, c'est-à-dire vide et sans affect, comme si l'on parlait d'« une handicapée » puis d'« une morte » et pas d'Anne-Marie. Ma démonstration a pour but d'exhorter les jurés à offrir à la justice leur humanité. C'est ce que les professionnels du droit perdent parfois de vue. Mais soudain, l'avocat général, qui se lève alors pour requérir, ne parvient pas à cacher son trouble, et sa voix se brise. C'est absolument dément que le seul moment d'émotion, la seule manifestation d'humanité de ce procès, soit le fait de celui qui va demander la condamnation de ma cliente.

Lorsque je me lève pour plaider, je porte Lydie, Anne-Marie, son papa, cette famille dévastée, et le poids de ma charge, celle de faire bouger les lignes, de refuser les évidences judiciaires, de pousser les juges de toujours ou d'un jour à transcender le système. Je dois aussi répondre à ce qui m'a été objecté durant cette audience : loi Leonetti, placement en institution, « solutions légales » mais inadaptées au désespoir.

Les jurés gardent leur posture de retrait. Je n'ai pas le sentiment de réussir à percer l'armure, même si, au moment de terminer, je sais que j'ai tout dit, tout expliqué, tout donné.

La cour et le jury sont partis délibérer. Je n'étais pas confiante… Mais après des heures d'attente et beaucoup de chocolat, je l'étais encore moins. Si c'était si long, c'est que les choses prenaient une mauvaise tournure. Lorsque, enfin, nous avons regagné la salle d'audience, les jurés sont entrés sans un regard vers nous, et la présidente a énoncé le verdict :

– À la question « Lydie Debaine est-elle coupable ? », la cour et le jury ont répondu « oui ».

J'ai eu l'impression de me vider de mon sang, j'étais désespérée… Autant je n'y croyais pas en première instance, autant j'estimais qu'il fallait impérativement confirmer cet acquittement en appel.

Lydie Debaine a été condamnée à la peine minimale prévue par la loi pour le crime d'assassinat, qui est de deux ans d'emprisonnement avec sursis. J'étais effondrée. Je lui avais imposé un deuxième procès et elle ressortait « coupable ». C'est alors qu'elle est venue vers moi et qu'elle a su trouver les mots :

– Merci pour tout. Vous savez, rien ne m'enlèvera jamais le premier verdict, rendu par des jurés qui m'avaient écoutée.

Quelque temps plus tard, Lydie a fait une nouvelle tentative de suicide, heureusement manquée. Je suis allée la voir à l'hôpital. Un lien s'était créé entre nous, jusqu'à ce que le temps fasse son œuvre et nous sépare, naturellement.

Plusieurs mois après, parce que des parents d'une autre région ont tué leur enfant en grande souffrance et en fin de vie, j'ai été interviewée pour le JT du soir. J'ai déclaré la même chose : « Ce ne sont pas des crimes mais des actes d'amour. » Il y avait un risque, à m'exprimer ainsi, de devenir la « spécialiste » du geste euthanasique parental, mais cela ne m'aurait pas dérangée. C'est un combat qui me ressemble. Il est urgent d'ouvrir le débat et de le faire avec des mères, des pères. C'est leur cœur qui arme leur bras, et au contraire du crime sur conjoint, leur geste n'est pas un geste de possession, mais de libération.

CHAPITRE SIX

Assister l'accusé, c'est aussi lui faire entendre la loi

Lorsque je défends quelqu'un qui doit rendre des comptes à la justice, qui fait l'objet de poursuites, c'est le plus souvent que quelque chose en lui me touche personnellement, que je peux m'imaginer à sa place ou le plaindre très sincèrement. Ce n'est pas objectif mais subjectif, et l'on pourra trouver que j'ai le cœur un peu tendre – sans se tromper. Mais il faut aussi prendre conscience que le jugement que l'on peut avoir devant sa télé ou un article est toujours hâtif, en tout cas insuffisamment éclairé. De la garde à vue à la mise en détention, voire au-delà, j'ai juste envie de rendre un peu d'humanité à ceux qui ont failli – qui est infaillible ? – ou commis le pire – nul n'est à l'abri. Je m'y applique en me servant du droit et du bon sens. Être avocat d'un coupable, ce n'est ni l'innocenter, ni le juger, ni souhaiter que des individus potentiellement dangereux cavalent dans la nature ! Un client qui récidive et revient me voir, je le perçois comme un échec. Pas comme la chance d'ouvrir un nouveau dossier ! Je préfère bien sûr qu'il me fasse à nouveau confiance plutôt que le voir honteux partir chez un confrère, mais certains pourraient témoigner de la « soufflante » que je leur ai passée quand je les ai revus dans mon cabinet… Une bonne admonestation maternelle ! Il ne faut pas confondre les auteurs d'un acte répréhensible avec des sous-citoyens ou des bêtes sauvages. Leur faire prendre conscience de leur acte passe aussi par la reconnaissance de leurs droits, et c'est le meilleur service que l'on puisse rendre, à eux et à la société.

Je ne suis pas la fée Clochette, mais je suis utile !

En garde à vue, contrairement à ce que l'on peut croire, il peut être plus facile d'avouer un crime que l'on n'a pas commis que de cacher une infraction dont on s'est rendu coupable, sauf pour un délinquant chevronné. Les enquêteurs ont souvent des « billes » et ne dévoilent leur jeu que progressivement durant les interrogatoires, raison pour laquelle je dis toujours au gardé à vue, qu'il reconnaisse les faits ou non, qu'il soit coupable ou innocent : « Dites-en le moins possible, du moins avant que je ne prenne connaissance du dossier. » L'idéal est de garder le silence, pas seulement dans les séries américaines ! Tout ce que l'on peut dire peut jouer contre soi. Police ou gendarmerie risquent de pointer des failles, qui sont parfois des hasards. En même temps, mettons fin à un fantasme, les enquêteurs ne cherchent pas un coupable à tout prix. Eux non plus ne veulent pas d'un assassin dans la nature. Les violences physiques en garde à vue relèvent aussi, le plus souvent, du fantasme, ou de l'histoire ancienne. Aujourd'hui, les gardes à vue sont filmées pour mettre fin au recours « J'ai été tabassé », qui a fini par lasser. La pression psychologique est en revanche inévitable, même avec un policier ou gendarme bienveillant, parce que personne n'est préparé à ce type d'épreuve, à moins d'être récidiviste. Comme je dis toujours en arrivant :

– Ça a une fin. Dites-vous que c'est comme une intervention chirurgicale, un moment douloureux à passer. Ça n'est pas juste et vous n'avez pas le choix, mais croyez-moi, plus tard, ce sera derrière vous.

Un interrogatoire est une effraction psychique, matérielle si les forces de l'ordre sont venues vous cueillir à votre domicile au petit matin. On peut mentir en croyant se protéger ou protéger les siens, en dire trop pour la même raison. Qu'un innocent, gardé à vue, lâche sous la pression : « C'est moi, n'en parlons plus », ce n'est pas une vue de l'esprit. J'en ai donné l'exemple avec les parents qui avaient perdu leur bébé bel et bien secoué… mais pas par eux ! Le problème quand on « avoue », c'est que ces aveux vous seront toujours et indéfiniment rappelés. L'instruction devrait permettre que la vérité se fasse, à moins que ce ne soit le procès… Mais je déconseille de vivre l'expérience de la cour d'assises comme de la correctionnelle, quand bien même on y serait relaxé ou acquitté ! Être poursuivi à tort n'est pas indemnisé, seule la détention provisoire l'est. Cela dit, Dieu merci, les grosses erreurs judiciaires ne sont pas si fréquentes. Les injustices sont en revanche légion, je l'affirme, j'en vois à peu près tous les jours Quant au coupable, sans avocat il lâche des éléments à charge qui l'enfonceront un peu plus le jour du procès. Moins son acte est grave, moins il est aguerri, plus il parle à tort et à travers. Les Fourniret, eux, ne sont pas de grands bavards. Il n'est pas obligatoire pour un gardé à vue de solliciter un avocat. Mais la présence d'un conseil permet au moins au mis en cause de reprendre ses esprits.

Quand j'arrive en garde à vue, je n'ai pas accès au dossier. La procédure d'enquête est dite « secrète et non contradictoire ». C'est pour cette raison que dans beaucoup de cas, surtout lorsque les faits reprochés sont graves, le seul conseil que puisse donner un avocat à son client est de garder le silence. Attendre et voir d'abord le dossier, pas forcément pour mentir mais pour comprendre. Qui accepterait de marcher au bord d'une falaise un bandeau sur les yeux ?

J'ai appris, à mes dépens, qu'il me fallait voir le client ET le dossier, les deux, pour comprendre le déroulé des faits. Toute jeune avocate, j'ai été commise d'office aux côtés d'un Cap-Verdien mis en examen pour le viol d'une jeune fille dans un foyer d'étudiantes où il était réceptionniste. Mon client avait été conduit dans une cellule du sous-sol du palais de justice en attendant mon arrivée. Je décide de prendre connaissance de la procédure avant d'aller voir le juge qui va statuer sur son sort, et de revenir ensuite auprès de mon client une fois que j'en saurai davantage.

Au milieu de la nuit, la jeune fille de vingt ans s'était réveillée – parlons clair une fois encore – avec les doigts de cet homme d'une quarantaine d'années dans le vagin. Je lis dans la procédure qu'elle n'avait pas perçu qu'il entrait dans sa chambre, pas senti qu'il baissait son pyjama. Elle ne prenait pas de médicaments pour dormir. Personne n'avait rien entendu, il n'y avait aucun témoin. Je découvre dans un PV d'audition que cette jeune fille a été victime plus jeune d'un viol par son beau-père, qui était noir, comme mon client cap-verdien. Lui nie farouchement les faits auprès des enquêteurs. J'acquiers la conviction que la jeune fille a fait un cauchemar, dont on peut aisément expliquer la genèse. Je vais donc voir le juge en exposant le cas :

– Franchement, le dossier ne tient pas la route.

Et j'expose mes raisons.

Puis, je vais rencontrer mon client qui m'attend au parloir de son sous-sol et je me présente, souriante :

– Bonjour, j'ai été désignée pour votre défense et…

– Il faut que je vous dise, attaque-t-il d'emblée, je l'ai fait, comment vous allez me sortir de là ?

Là, j'ai eu un gros cas de conscience : il s'opposait radicalement à reconnaître officiellement les faits et je devais lui parler de droit, pas lui dire combien j'avais de scrupules, de remords. Mon malaise diffus, confus, faisait carburer mon cerveau à toute vitesse.

– Bien… En l'état actuel des choses, vous pouvez effectivement vous en tenir à cette version. Mais je vous préviens, l'instruction va continuer, des éléments à charge vont peut-être apparaître, s'accumuler, et vos dénégations risquent de vous coûter très cher…

– Combien ?

– Vous encourez quinze ans de réclusion criminelle.

– Et si je m'enfuis au Cap-Vert ?

– … Le Cap-Vert n'extrade pas ses nationaux.

Si je lui dis cela ce jour-là, c'est parce que je ne pouvais pas envisager moralement la perspective d'une victime, bien réelle, qui voit l'auteur du crime qu'elle a subi bénéficier d'un non-lieu ou être innocenté aux assises.

Lors de la présentation au juge d'instruction, mon client s'est vu demander s'il souhaitait désigner un avocat précis ou bénéficier de l'assistance d'un autre commis d'office. Mon client a répondu :

– Je préfère garder Maître Caty Richard…

Malaise. J'ai répondu :

– Non, monsieur, ce n'est pas possible. Vous choisirez votre avocat plus tard.

Le juge n'a pas ordonné son placement en détention,

mais l'a placé sous contrôle judiciaire, avec interdiction d'entrer en contact avec la victime.

Je ne sais pas ce que la procédure est devenue, je n'ai pas cherché à le savoir. J'ignore s'il est parti au Cap-Vert, débarrassant les foyers d'étudiantes de ses déviances sexuelles, en ne faisant pas passer la victime pour une affabulatrice. C'était il y a trente ans. Je m'en souviens comme si c'était hier. J'en ai retenu que la vérité du dossier n'est pas la vérité de l'humain. Et inversement !

Quand le client nie : faire accoucher de la vérité

Ce n'est pas un service rendu à l'individu qui se cache derrière les faits que de le laisser persister dans ses dénégations. La mission de l'avocat telle que je la conçois ne consiste pas à dire « d'accord » à son client pour lui faire plaisir mais à agir dans son intérêt, pénal ET psychologique. Feintes au départ, les dénégations peuvent devenir réalité en s'ancrant dans l'esprit de l'auteur avec le temps, ce que les psychologues et psychiatres savent très bien. Là où je vois que je ne suis ni psy ni mère, c'est que je ne m'en tiens pas à leurs déclarations, je ne leur caresse pas davantage la tête pour les faire parler quand ils sont retranchés dans leur silence, ni n'ai le temps d'attendre qu'ils fassent leur chemin psychologique. Je leur mets le nez sur les preuves, quitte à les secouer :

– Bien ! Maintenant, nous allons parler sérieusement…

Je m'appuie sur des éléments concrets pour tenter de leur ouvrir les yeux quand ils essaient de m'« enfumer ». En leur expliquant que c'est leur rendre service.

Le déni persistant contre l'évidence alourdit la peine en

exaspérant tous les intervenants au long de la procédure. Il fait encourir le risque de chauffer l'opinion à blanc, avant même le procès. Qu'est-ce qui rend un crime spectaculaire ? Le déni, surtout s'il est accompagné d'arrogance. Pourquoi l'affaire Jonathann Daval, dans laquelle j'étais partie civile pour une partie de la famille d'Alexia, a-t-elle défrayé la chronique ? Parce qu'il a menti avec un aplomb et un cynisme qui dépassent l'imagination ! Pour étayer sa version, le criminel est acculé à l'élaboration de scénarios complexes, toujours plus alambiqués au fur et à mesure que les indices s'accumulent, donnant lieu à des versions de plus en plus « romanesques », si l'on peut dire. Si Jonathann Daval avait appelé les forces de l'ordre en déclarant : « J'ai tué ma femme », c'eût été tragiquement classique, et il n'y aurait pas eu d'« affaire Daval ». Mais il a fallu qu'il invoque une disparition lors d'un jogging, pleure dans les bras de ses beaux-parents face aux caméras, s'affiche en tête de la marche blanche, etc. Son machiavélisme a fait de lui une vedette du mensonge, ce que la société goûte en général assez peu.

Le déni déraisonnable est une épine dans le pied de l'avocat, qui peut finir par ne plus réussir à marcher… J'ai ainsi dû me dessaisir d'un dossier, le dossier « Pilarski », où je défendais le compagnon d'Élisa, victime de vingt-neuf ans qui avait succombé à des morsures de chien en novembre 2019, enceinte de six mois. Toute la question était de savoir si elle avait été tuée par les chiens d'une meute de chasse à courre se déroulant dans le bois où elle avait été retrouvée, ou par le chien de son compagnon, un genre de pitbull qu'elle avait emmené en promenade. Ledit compagnon refusait cette option à toute force. Je me méfie de la chasse, le chien et Élisa s'entendaient très bien, le compagnon semblait sincèrement dévasté, tous deux allaient devenir parents pour la première fois. Mais il était nécessaire de ne pas exclure totalement l'hypothèse. Je ne peux pas violer le secret de l'instruction ni le secret professionnel en livrant ici l'objet de nos entretiens, ni mon intime conviction. Mais le fait qu'il ne soit pas resté mon client n'est un secret pour personne tant il s'est lui-même répandu sur les réseaux sociaux…

C'est un dossier qui a déchaîné la presse et les internautes, me valant des interviews des uns – j'en ai décliné un très grand nombre – et des lettres d'insultes des autres, jusqu'à des menaces de mort. Certains amis des bêtes le sont visiblement moins des humains !

Face à la preuve, il faut se montrer cohérent, c'est-à-dire juste. Question de crédibilité et d'humanité.

Si aujourd'hui l'accélérateur de reconnaissance des faits est souvent la preuve scientifique ou technique – l'ADN, le bornage du téléphone, la bande de vidéosurveillance ou autre –, l'absence de preuve scientifique n'équivaut pas pour autant à l'innocence, erreur dans laquelle s'engouffrent parfois l'accusé, son avocat, l'opinion publique ou un ami qui commente une affaire en cours : « Comment peut-on le croire coupable puisqu'il n'y a pas d'ADN ? » Parce que même avant l'ADN, il existait des crimes et leurs auteurs allaient en prison ! Des crimes de Landru au tout début du XXe siècle, il ne restait que des cendres et quelques os. Il a pourtant été guillotiné.

Évidemment, nier les faits jusqu'au procès quand les preuves sont minces permet toujours d'espérer l'acquittement, mais l'auteur s'illusionne souvent beaucoup sur la naïveté des différents intervenants au fil du processus. Le verdict en sera d'autant plus lourd et la détention rendue plus insupportable. Un condamné qui a juré son innocence peut se vivre en victime d'erreur judiciaire derrière les barreaux, être capable de finir par y croire lui-même. Surtout, il n'aura pas été en mesure d'expliquer un geste dont il est finalement reconnu coupable, ce qui lui est dommageable. L'avocat de la défense doit donner à l'accusé le sentiment qu'il a été entendu par la cour, qu'en conséquence sa peine est juste. Une bonne peine n'est pas une peine courte mais une peine bien comprise. Le tueur en série Guy Georges savait qu'il serait condamné à perpétuité, son avocate aussi sans doute, mais elle a eu à cœur de lui rendre un peu d'humanité en retraçant son parcours. Un passé chaotique de carences affectives n'absout en rien un coupable, mais il replace ses actes dans un contexte, le meilleur rempart contre la barbarie. C'est sans doute cet élan d'humanité qui a amené ce client mutique à reconnaître les faits après des semaines d'audience. C'était aussi important pour les familles de victimes que pour lui.

Quand sa famille est le pire ennemi de l'auteur

Il existe un accélérateur de déni, c'est le regard des autres en général, et des proches en particulier. Autant il y a des mères qui ont l'art de vous toucher et de vous donner envie de vous démener, autant d'autres ont l'art de plomber le dossier. J'ai identifié une catégorie de mères hystériques, tout en « mon fils-mon fils » : « Mon fils, il n'a rien fait ! Mon fils, il a toujours été gentil ! Mon fils, je l'ai toujours traité comme un dieu ! » Oui, bon, c'est peut-être ça, le problème ! Ledit fils, face à cette mère très agitée, ne peut absolument rien reconnaître au risque de perdre son statut, non seulement de fils mais aussi de dieu. Certaines vont jusqu'à coudre la bouche de leur trésor : « Je le sais bien, moi, que tu n'as pas pu faire une chose pareille ! » Avec elles, l'instruction est close, il ne peut pas y avoir de procès. Le problème, c'est que le parquet peut l'entendre d'une tout autre oreille au vu des éléments à charge. Je parle de fils et de mères car c'est moins le fait des pères et des filles, mais les rôles peuvent varier. Le mieux à faire, quand son enfant est dans la nasse judiciaire, c'est de lui dire : « Quoi que tu aies fait, tu resteras mon enfant, je resterai ta mère/ton père et je t'aime de façon inconditionnelle », l'assurer de son soutien absolu de parent. En laissant la conscience, l'avocat, la justice, faire le reste.

Le regard du conjoint est aussi un problème, notamment dans les affaires de viol ou d'abus sexuel. J'ai ainsi défendu un grand-père de quatre-vingt-six ans qui s'était rendu coupable plusieurs décennies plus tôt d'attouchements sur sa petite-fille. Immédiatement incarcéré à Fresnes bien que très diminué, c'est sa femme qui est venue me voir : « Jamais Lucien n'aurait pu faire ça ! » Mais le dossier me montrait qu'hélas, Lucien n'avait pas toujours été ce vieux sage apaisé, ni le bon mari qu'elle me décrivait. Quand je l'ai rencontré en détention, il a reconnu les faits, comme ensuite devant le juge durant les trois ans d'instruction, mais son obsession, c'était que sa femme ne sache rien. Aux assises, elle l'apprendrait bien assez tôt, estimait-il. Ce n'était pas à moi d'assener la vérité à sa femme, secret professionnel oblige, mais il me tardait que l'audience arrive pour qu'elle ne répète plus en boucle au sujet de la victime : « Mais pourquoi elle ment ? Pourquoi elle le salit ? » Mes espoirs se sont envolés quand l'avocat de la partie civile a demandé le huis clos, empêchant la grand-mère d'apprendre la vérité. Conséquence secondaire du huis clos, les infirmiers de mon client n'avaient pas le droit de rester pendant les débats, ils sont partis et j'ai donc dû, pendant les suspensions, lui donner ses médicaments, et pire, introduire moi-même son sexe dans le pistolet pour uriner, ce qui était tout de même une première, et Dieu merci une dernière ! Je me souviens aussi qu'à la première pause, la petite-fille, désormais âgée d'une bonne vingtaine d'années, est venue me voir en me demandant :

– Vous allez être méchante avec moi ?

Je l'ai regardée, éberluée :

– Mais pourquoi donc ? Il en a assez fait, non ?

C'est à moi, tout au long des trois jours d'audience, qu'elle est venue poser des questions à chaque suspension, sur le déroulé des débats, sur la procédure, en confiance comme si j'étais son conseil. Elle voyait que mon travail de « défense » ne consistait pas à nier le crime ni son traumatisme, mais à montrer que papi Lucien n'était pas seulement un violeur incestueux, mais quelqu'un qui avait, à un moment donné de sa vie, extrêmement mal agi.

Il a été condamné en gardant sa réputation intraconjugale indemne, à mon grand dam. La publicité des débats aurait fait partie de la thérapie, quasi familiale. Je comptais faire une requête en grâce médicale après le délai d'appel de dix jours parce qu'après trois ans de détention déjà effectués, son état de santé s'était beaucoup dégradé, quand... il est mort. Coupable pour la société, mais innocent dans l'esprit de sa femme, sa priorité. Et mon grand regret pour sa petite-fille, et la vérité familiale.

Assister son client en défense, ce n'est pas (forcément) le faire libérer à tout prix

Je ne cherche pas par principe à tout faire pour laisser libre un client qui reconnaît les faits qui lui sont reprochés, quand je sais qu'il va, plus tard, écoper d'une lourde peine, et je lui en explique clairement les raisons. C'est lui faire courir le risque de continuer à vivre comme si de rien n'était, de travailler, faire des enfants, pour que la réalité de ses actes vienne ultérieurement le rattraper et frapper d'un coup, à distance de la date de commission des faits. Les auteurs « oublient » vite, ils s'y appliquent ou refoulent. Ce n'est pas forcément du cynisme, c'est aussi un réflexe de protection naturel. Accepter la détention, c'est aussi montrer à ceux qui vous jugeront que vous ne fuyez pas votre responsabilité dans les faits graves qui vous sont reprochés. Si la détention se passe bien, qu'on note une bonne conduite, un effort en vue de la réinsertion, des soins le cas échéant, ce sera autant de bons points lors de l'audience. J'explique toujours aux auteurs que paradoxalement, la liberté immédiate n'est pas forcément dans leur intérêt. Le temps passé en détention provisoire dans l'attente du procès sera déduit du quantum à effectuer, et c'est toujours ça de fait !

Il m'arrive d'être rappelée par le client pour intervenir lors d'une commission de discipline, ou pour un problème de lieu de détention quand le détenu souhaite un transfert pour se rapprocher de sa famille. Il y a ensuite, après le procès, le « post-sententiel », l'application des peines, lors duquel les services d'insertion et de probation envisagent le moment venu les possibles libérations. On entend souvent parler de la lourde responsabilité des experts et juges quand ils ont sous-estimé le risque de récidive d'un criminel. Pour une fois, ce n'est pas de la faute des avocats ! Les citoyens comprennent mal l'application des peines. La remise de peine n'est pas systématique, et elle correspond à une nécessité pour encourager les détenus à la bonne conduite et maintenir le calme en détention dont les conditions sont le plus souvent très difficiles en France, où même les meilleures prisons sont aux antipodes du « Club Med », contrairement à ce que l'on peut entendre dire. Alors que j'intervenais dans un collège de « zone urbaine sensible », j'avais expliqué aux jeunes que leurs grands frères qui se vantaient d'être allés en « zonzon » et en tiraient gloriole étaient les mêmes qui étaient prêts à payer des avocats lorsqu'ils y étaient... pour sortir plus vite ! Ce qui démontre que le sort des détenus n'est vraiment pas enviable. Les surveillants sont les premiers favorables aux remises de peine, qui aident à maintenir un semblant de paix derrière les barreaux. Enfin, toutes les mesures de libération conditionnelle ou semi-liberté sont une façon d'éviter les sorties « sèches » sans avoir observé le comportement du détenu. Elles permettent de surveiller sa réinsertion et de le réhabituer progressivement à la vie en liberté, dans la société. Il ne s'agit pas de cadeaux de principe. D'ailleurs, les « professionnels de la délinquance » ne s'y trompent pas : ceux qui savent qu'ils vont reprendre leur vie de voleur, escroc ou trafiquant ne sollicitent parfois pas d'aménagement, ils préfèrent purger et sortir libres... de recommencer !

Quand les avocats sont des empêcheurs de tourner en rond, tels que je les caricaturais adolescente, c'est aussi pour faire respecter le droit, pas pour faire triompher le tordu. Je tiens toujours à être aux côtés de mon client lors des reconstitutions parce que je suis plus apte que lui à faire respecter ses droits. Je réclame au juge d'instruction, quand un client me dit qu'il a tiré sans aucune visibilité au mois de novembre à dix-neuf heures, que l'on fasse la reconstitution en hiver et non l'été, quand il me dit que les bruits couvraient le bruit de la voiture à l'heure de la sortie de l'école, qu'on l'effectue à ce moment. J'essaie d'être la plus proche possible du déroulé des faits. Quitte à faire déplacer tout l'attelage (juge et son greffier, détenu, partie civile si le juge accepte, parquet, enquêteurs, experts comme les médecins légistes, balisticiens, voire témoins, et avocats bien sûr), à six heures du matin quand il gèle à pierre fendre, ou à faire couper les feuillages par les bûcherons des services de la mairie, l'essentiel étant de reproduire au mieux les conditions et circonstances de la commission des faits.

On ironise souvent sur les avocats qui abuseraient du vice de procédure, sans tenir compte du fait que cette procédure existe pour protéger les citoyens que nous sommes tous.

Concernant les nullités de procédure, largement commentées au bistrot du coin, il me faut, là encore, combattre les idées reçues. Le « vice de procédure » n'est pas une baguette magique. Il ne faut pas croire qu'un formulaire étiqueté 2123 au lieu de 2023 sera jugé nul et que la procédure disparaîtra comme par enchantement. Bien sûr, l'avocat peut faire du zèle en soulevant le point de nullité, mais le tribunal répondra alors qu'il s'agit d'une « erreur matérielle » sans conséquence. Si vraiment les textes ont été violés, il peut être ordonné l'annulation de la partie entachée et sa « cancelisation » dans la procédure, c'est-à-dire qu'on noircit des passages ou des pages. Mais encore faut-il que cela ait un intérêt ! Faire annuler la garde à vue de son client alors qu'il n'y dit rien qui puisse lui nuire, ou mieux, qu'il donne des informations qui lui sont utiles, quel bénéfice en tirer ? Même les rarissimes

« vices de procédure » qui permettent de faire relâcher un mis en examen détenu ne l'empêcheront pas de répondre des faits qui lui sont reprochés devant une juridiction le moment venu, et de retourner en détention le cas échéant.

Lorsque les conséquences d'une annulation risquent d'être trop importantes dans une procédure concernant des faits graves, il faut dire les choses comme elles sont : les juridictions mettent tout en œuvre pour valider la procédure, et notamment utilisent la question du « grief ». Il faut démontrer qu'un texte a été violé, une loi non respectée ET prouver que les conséquences de cette violation ont nui directement au mis en examen. Qu'il y ait un grief important, direct et personnel. Ces conditions font que la Cour de cassation n'accepte des annulations qu'à dose extrêmement homéopathique.

Il m'est arrivé, à moi aussi, de soulever la nullité quand le droit m'en donnait la possibilité sans être empêchée de dormir, et sans que les conséquences d'une annulation aient bouleversé définitivement l'ordre public. Qui hésiterait à faire annuler un PV de stationnement ou un excès de vitesse le concernant ? Que celui-là me jette la première pierre ! En revanche, il m'est aussi arrivé de ne pas soulever une nullité évidente pour un mineur alors que j'aurais pu le faire, tout simplement parce qu'il ne risquait pas grand-chose, à part une soufflante du juge qui lui ferait le plus grand bien. Et qu'il m'apparaissait totalement contraire à son intérêt, à son âge, de développer un sentiment d'impunité pouvant le conduire à recommencer ou à s'inscrire dans la délinquance. Ces choses se réfléchissent en notre âme et conscience. Le droit n'interdit pas le bon sens.

CHAPITRE SEPT

La souffrance des coupables

Presque tous « mes » auteurs sont un peu des « auteurs-victimes ». Pour que je défende un mis en cause, j'ai besoin d'être portée. Il me faut l'intime conviction qu'il mérite un soutien, qu'il a besoin que quelqu'un parle pour lui, qu'il y a des choses à entendre avant de le juger, et que si ce n'est pas son avocat qui les énonce, personne ne le fera. Par définition, cela n'a rien d'objectif et peut-être que ce qui m'a émue, remuée, bouleversée chez le mis en cause, en aurait laissé un autre de marbre. Peut-être même qu'à une autre époque de ma vie, je n'aurais pas défendu avec la même foi celui que je défends aujourd'hui. Le meilleur exemple m'est arrivé à mes débuts dans la profession. Après avoir été cambriolée par les toits, j'étais de permanence pénale quand arrive, pour les comparutions immédiates, le dossier d'un cambrioleur multi-récidiviste. Je l'ai passé à un confrère en lui expliquant : « Prends-le, s'il te plaît, ça n'est pas le moment, je ne vais pas plaider, je vais requérir ! ». On trouvera peut-être en découvrant « mes » auteurs que j'ai le cœur trop tendre – sans se tromper. Mais il m'a chaque fois semblé qu'en d'autres circonstances, cela aurait pu être moi, un proche, un familier, ou quelqu'un que j'aime. Ils méritent souvent une sanction.

Mon assistance ne les empêche pas d'être condamnés, mais en leur assurant qu'ils ont été entendus. Le sentiment de justice est nécessaire pour construire la meilleure vie possible, une fois leur peine purgée.

Tuer sans le vouloir : drames de la route

La route est le terrain privilégié du mal commis involontairement, avec les accidents du travail et les accidents médicaux. Il y a parfois eu manquement aux obligations de sécurité, le chantier n'était pas protégé, l'employé n'avait pas de casque, le chirurgien n'avait pas dormi depuis quatre jours, le conducteur avait bu, pris des stupéfiants, quand ce n'est pas le chirurgien qui avait pris des stupéfiants ! Toutes les configurations se rencontrent, mais même assorti de toutes les circonstances aggravantes possibles, l'infraction n'en reste pas moins in-volontaire. Personne ne prend le volant, la scie sauteuse ou le bistouri avec l'intention de tuer ou blesser quelqu'un… sauf exception. Dans un acte terroriste comme l'attentat du 14 juillet 2016 à Nice par exemple, perpétré au moyen d'un camion, le véhicule est considéré comme une « arme par destination ». Si l'intention de tuer conduit aux assises et à une lourde peine, l'accident mortel de la circulation est un homicide involontaire, qui mène devant le tribunal correctionnel. Il s'agit d'un délit passible de cinq ans d'emprisonnement, dix s'il y a des circonstances aggravantes, car à défaut d'avoir voulu la mort ou les dégâts, on en a accepté l'aléa. Comme pour toutes les infractions, crimes et délits confondus, le maximum légal encouru n'est qu'extrêmement rarement prononcé. Il faut que les circonstances soient extraordinairement graves. Vous, comme moi, pouvons nous retrouver un jour acteur involontaire d'une erreur irréversible, conduisant à un drame absolu échappant à notre volonté, et croyez-moi, c'est effroyable. Se refaire le film et regretter de s'être levé le matin, d'être parti à ce moment-là, d'avoir bu ce petit verre de trop, poussé par des amis « pour fêter ça », ou avoir bêtement accéléré en constatant son retard. Parfois, c'est même l'hébétude, avec la répétition en boucle : « J'ai pas vu, pourquoi j'ai pas vu ? »

Tuer, ou blesser, sans le vouloir, c'est se retrouver face à une partie civile dévastée et en être soi-même détruit. Pour avoir été du côté du conducteur comme de sa ou ses victimes, je peux assurer avoir éprouvé le même sentiment de désespoir. C'est la tragédie qui fait irruption dans deux familles généralement sans histoires, à la différence des homicides volontaires, qui ont souvent leurs racines dans une histoire personnelle, familiale, psychologique. Je me souviens des remords de Patrice, chauffeur routier au volant d'un trois tonnes cinq, qui n'a pas vu l'enfant traverser en courant devant son camion. Une haie gênait sa visibilité. Il était à jeun, ne manquait ni de vigilance ni de sommeil. Il venait de reculer comme tous les jours pour effectuer un demi-tour et repartait en marche avant, à une vitesse minimale attestée par les témoins. Sentant qu'il avait heurté quelque chose, il a jeté un œil dans le rétroviseur et s'est aperçu qu'un petit corps gisait sur la chaussée. Il me répétait vivre hanté depuis par cette image… J'avais plaidé sa relaxe car il n'avait commis aucune « erreur, imprudence, négligence, ou inobservation des règlements », comme l'énumère la loi, mais un petit garçon de neuf ans était mort. Le parquet a requis une peine avec sursis, sans détention. Objectivement, il ne pouvait pas voir l'enfant, même si c'est insupportable de l'admettre pour des parents, et pour la justice aussi finalement puisque le chauffeur a été déclaré coupable et sanctionné symboliquement. Il n'a pas souhaité faire appel, préférant accepter une peine juridiquement injuste, mais moralement compréhensible.

Les familles des personnes décédées de mort brutale, accident ou suicide, ont parfois la tentation d'élaborer un scénario complotiste, machiavélique, pire que les faits, une façon de se défendre contre l'intolérable.

J'ai même été traitée d'« avocat d'assassin » dans un dossier d'accident mortel de la circulation. J'aurais souhaité que les parents de la victime entendent mon client, à défaut de lui pardonner. Cédric, vingt-quatre ans, avait tué Jessica, seize ans. Il reconnaissait qu'il conduisait trop vite, sur une deux fois deux voies avec terre-plein central que je connaissais bien, située en agglomération mais sans habitations de part et d'autre ; bref, tout pour ressembler à une voie rapide mais... limitée à 50 km/h. Je n'ai pas hésité à avouer ma propre expérience à l'audience : « C'est un boulevard pousse-au-crime, où il m'est arrivé aussi de rouler trop vite avant d'en prendre conscience. » Après plusieurs accidents, et notamment celui-là, il y a eu des modifications de voirie, signalisation et rétrécissement de la chaussée. De son côté, Cédric a déclaré à l'audience : « Je n'ai aucune excuse, je suis d'accord pour prendre la sanction que je mérite et payer pour le malheur que j'ai causé, je regrette, je n'ai pas voulu ça, j'étais un abruti. » Cédric n'avait pas cherché à fuir ses responsabilités. Il s'était arrêté, avait tenté de porter secours à la victime, en vain. Dès la garde à vue, il avait déclaré au médecin venu l'examiner qu'il voulait mourir. Récidiviste de l'excès de vitesse, il ne lui restait que cinq points sur son permis, et la mort de Jessica avait tant ému l'opinion publique que la juge d'instruction l'a immédiatement placé en détention. J'ai pu l'en faire sortir au bout de quatorze mois. Le tribunal correctionnel l'a condamné à dix-huit mois ferme, couvrant ainsi la détention provisoire, le reliquat faisant l'objet d'un aménagement. Mais cette peine était insuffisante pour la famille de la victime. Elle voulait croire à un rodéo, un meurtre volontaire, alors qu'il s'agissait d'un excès de vitesse, stupide, coupable, mais pas criminel, d'un « jeune con » inconscient comme il y en a tant. Oui, je peux traiter mon client de « jeune con » quand il est en âge que je lui remonte les bretelles. Du temps où je faisais des permanences avec commissions d'office, il m'arrivait souvent de devoir faire de l'éducation en même temps que du droit, ce qui a fini par m'épuiser parce que c'est sans fin. À la sortie de l'audience lors de laquelle Cédric a été jugé, outre mon surnom d'assassin, j'ai vraiment été blessée d'entendre la partie civile, très agressive et agitée durant tout le procès, me lancer : « Vous ne devez pas avoir d'enfant ! » Moi qui venais tout juste d'être maman de mon fils aîné après un parcours difficile de PMA, qui ne plaçais rien au-dessus de ce rôle… J'ai répondu le plus gentiment possible à l'invective :

– Si, j'ai un fils, et si un jour par malheur il devait commettre ces faits, j'espère qu'il y aura un avocat pour le défendre.

Je n'ai pas la prétention de me croire à l'abri du drame, de quelque côté qu'il soit.

On ne doit pas confondre l'homicide involontaire avec les violences volontaires ayant entraîné la mort sans intention de la donner, qui mènent aux assises parce que l'on a commis un acte positif. Dans le langage courant : effectuer sciemment une action. Pour prendre un exemple concret, si l'on bouscule malencontreusement en courant quelqu'un assis sur un pont et qu'il se noie, c'est un homicide involontaire. Si en revanche, on bouscule quelqu'un du haut d'un pont parce qu'on se dispute, qu'il tombe et se noie, on a commis un acte positif qui a abouti à la mort, quand bien même on ne l'aurait pas souhaitée. Raison pour laquelle j'ai toujours supplié mes enfants : ne vous battez jamais, même « pour rire », pas davantage parce qu'on vous aurait provoqués. L'énervement, ça fait partie de la vie. Et quand on peut se soustraire au ton qui monte ou aux nerfs qui lâchent, il faut partir, prendre la fuite... quand on peut.

La fuite est impossible quand on est en « mission de service public », et mon client Sylvain n'aurait jamais dû se retrouver devant une cour d'assises... Pour bien défendre un client, je fais comme si l'un de mes proches était à sa place, mais j'essaie aussi de me mettre à la sienne, si les faits rendent la position possible. C'est ce que j'ai suggéré de faire à l'avocate générale, représentant la société donc, après qu'elle ait requis huit ans de réclusion contre Sylvain, chauffeur de bus RATP qui avait causé la mort de l'un de ses passagers bien malgré lui :

– Depuis votre fauteuil, réussissez-vous à envisager ce que peut être une mission de service public dans le Noctilien après minuit entre la gare de l'Est et Sarcelles ?

C'était peu probable, alors j'ai expliqué : c'est ramasser le vomi, se faire insulter, trembler pour sa vie, se confronter aux passagers sous l'empire de la drogue, de l'alcool, en proie à des problèmes psychiatriques ou tout simplement à bout de nerfs après une journée de travail. Je ne manquais pas de détails car mon client et son adorable épouse, agent de police dans une banlieue dite difficile, étaient des gens qui faisaient « tout bien dans les clous », et m'avaient raconté le quotidien de leur métier. La qualité d'agent du service du public était un facteur aggravant. Un soir comme les autres, Sylvain avait vu monter dans son bus, sans titre de transport, un SDF très fortement alcoolisé. On entendait mon client, sur la vidéo enregistrée dans le véhicule, expliquer poliment, respectueusement même :

– Monsieur, je vous laisse monter, mais il faudra descendre au terminus.

Lors du trajet, ledit individu avait semé la pagaille à l'intérieur du bus. Arrivé au terminus, il n'était pas descendu malgré les demandes insistantes de Sylvain, qui est allé vers lui et a essayé d'abord la diplomatie, puis a jeté son sac dehors, espérant qu'il allait suivre. En vain. L'autre lui tournant le dos, Sylvain l'a attrapé par son écharpe et l'a éjecté de l'autobus. Ce qu'il n'avait pas anticipé, c'est que l'écharpe s'était resserrée autour du cou de l'homme jusqu'à l'étrangler et le tuer. Mon client ne l'avait appris que le lendemain. Le drame avait fait irruption dans cette vie de famille tranquille. La culpabilité d'avoir causé la mort rongeait Sylvain, la peine était déjà là, même si je conçois qu'on ne puisse s'en contenter. Antillais très croyant, il était allé jusqu'à payer un enterrement digne à la victime sans famille ni attaches, dont le corps était promis à la fosse commune. L'affaire a été jugée aux assises puisque Sylvain avait commis un acte positif (si vous avez bien suivi…). Il comparaissait libre, après avoir subi le choc d'une incarcération de vingt mois pendant une partie de l'instruction. Mon objectif, c'était qu'il ne retourne pas en prison. Je ne manquais pas d'arguments, et j'étais plus motivée que jamais. Il a finalement été condamné à cinq ans d'emprisonnement, dont dix-huit mois ferme, déjà effectués en détention provisoire. Il est resté libre à l'issue de l'audience, c'était mon but. Mais le parquet avait requis huit ans ferme et estimait cette peine trop clémente, ce qui m'a fait aller rencontrer le procureur qui voulait faire appel :

– Écoutez, mon client est traumatisé, il a été licencié, incarcéré, pour lui la vie s'est arrêtée, il ne se remet pas d'avoir causé la mort d'un homme…

Il a repris un argument de l'avocate générale :

– Justement, il y a tout de même mort d'homme, on ne peut pas laisser une peine aussi faible…

Et il a fait appel. Mais une maman qui défend l'un des siens ne lâche pas comme ça. Je me suis démenée sans compter, et j'ai entrepris le parquet général :

– En appel à Versailles, le verdict peut être encore plus clément, parce que le contexte social est encore plus tendu, on comprendra donc très facilement ce qui a pu se produire… Vous voyez très bien que mon client n'a jamais voulu être violent, qu'il n'a pas donné de coups, qu'il n'a jamais été violent de sa vie ?

J'ai obtenu gain de cause. Le parquet général s'est désisté de l'appel. On s'en est tenu là. Ce n'est pas pour autant que mon client a débouché le champagne, moi pas davantage. Soulagé, oui, heureux, non…

Quand la peine de la partie civile rejoint celle de la défense

Certaines affaires, la plupart, permettent de comprendre que la douleur existe aussi dans le camp des accusés. Dans la majorité des cas, les auteurs regrettent leur geste, et quand ce n'est pas eux, c'est souvent le cas de leur famille. Je me souviendrai toujours de l'immense bonté de la mère de Taïna, qui consolait à l'issue du procès la mère du meurtrier de sa fille, dévastée d'avoir mis au monde quelqu'un qui avait ôté la vie, dans des circonstances particulièrement sordides[1]. La vision simpliste qui consiste à croire qu'il y a d'un côté des victimes et de l'autre des « monstres », d'un côté des familles dévastées, de l'autre des proches qui cautionneraient l'acte de l'auteur, pourrait être rassurante, mais elle ne correspond pas à la réalité. J'en ai eu la meilleure illustration dans un dossier où les parents de la victime étaient aussi ceux du coupable.

J'ai plaidé en défense dans une tentative de meurtre heureusement avorté, où je ne sais pas qui était le plus en détresse, de la victime ou du coupable, car il s'agissait de deux frères, qui ne s'étaient jamais haïs et n'avaient pas fini de s'aimer. Laurent, vingt-deux ans, avait poignardé son frère de quatorze ans peu avant Noël 2000, trois ans plus tôt. « Un déchaînement de violence », avait titré la presse, au couteau, à l'orée d'un bois où le cadet n'avait eu la vie sauve que par miracle. Le drame des parents, à la fois de la victime et de l'auteur, était décuplé par la volonté de comprendre qui me mobilisait autant qu'eux ou presque. Mes tripes de mère compatissaient : et s'il s'agissait de mes enfants ? J'ai toujours été sensible à ces situations déchirantes intrafamiliales, difficiles à décrypter car contre nature. Le juge d'instruction avait nommé un administrateur ad hoc, dont le rôle est d'accompagner la victime mineure, aux côtés de son avocat, lorsque la situation empêche, d'une certaine façon, aux représentants légaux que sont les parents de le faire librement ou sereinement. Quand « papa tue maman », par exemple. Là, il s'agissait d'éviter aux parents de se constituer partie civile, ce qui les aurait obligés à défendre les intérêts d'un fils contre un autre.

1. Voir chapitre dix, « Nos amis les hommes ».

Petit, Laurent, le coupable, avait subi deux graves opérations du cœur. Il avait été couvé, chouchouté, était devenu un adolescent travailleur, qui voulait devenir cuisinier dans l'armée de l'air. Mais premier coup dur, son rêve s'est écroulé quand l'armée a découvert son problème cardiaque, rédhibitoire. Second coup dur, la petite copine avec qui il entretenait une relation passionnelle et douloureuse l'a plaqué pour un autre, alors qu'ils avaient parlé mariage et enfant. Il s'est enfoncé dans la dépression. C'est pourtant son petit frère qu'il a choisi comme victime quand la cocotte-minute a implosé, avant de chercher à faire accuser le nouveau petit ami de son amour perdu. « Pourquoi son frère, qu'il adorait ? » se sont demandé les experts psychiatres… Sans trouver de véritable réponse. Ils ont envisagé qu'il ne s'agissait pas d'une jalousie fraternelle parce qu'ils se seraient disputé l'amour parental, classiquement, mais d'une colère de l'aîné douloureux contre le cadet insouciant, d'une santé insolente, brillant à l'école, pas encore confronté aux aspérités de l'existence. Au procès, le petit frère a témoigné :

– Il reste mon frère, je l'aime toujours, mais je vais mettre du temps à lui pardonner…

De mon côté, j'ai conclu ma plaidoirie qui replaçait l'acte dans le contexte en disant :

– Quand vous aurez raisonné avec votre esprit, n'oubliez pas de penser avec votre cœur.

Laurent a été condamné à dix ans de prison. Cette affaire reste pour moi l'un des dossiers les plus mystérieux. Le passage à l'acte était incompréhensible, pour sa famille, pour moi, et pour le premier intéressé. Elle m'a laissé le goût amer de l'inachevé et le sentiment un peu plus net que personne n'était à l'abri de rien, pas même quand l'éducation avait été sans trait pathologique aucun, et même sans aspérité, aimante et exempte de toute critique possible. Il est sorti de prison après cinq ans de détention. Je l'ai croisé un jour, il m'a dit aller bien, et j'en suis apaisée.

Le « gamin » meurtrier manipulé

Si on ne peut pas reprocher aux parents de Laurent de ne pas avoir été à la hauteur, parfois les carences de ceux censés donner l'exemple sautent aux yeux. On ne grandit pas tous avec des valeurs solides, certains peuvent même grandir avec un entourage inconséquent, voire toxique. La mère de Karim, mon client mineur, elle-même très jeune, était amie avec un type qui ne faisait rien de sa vie sinon des mauvais coups. Lorsque ce dernier a proposé d'emmener Karim à Paris depuis leur Bourgogne pour aller l'aider sur une combine, sans que la mère cherche à en connaître la nature, elle s'en est réjouie. Il lui avait vendu du rêve, à elle qui n'avait jamais quitté sa région : « À Paris, on ira voir la tour Eiffel. » Hélas… Karim a été enrôlé comme appât, pour dévaliser un homme d'âge mûr dont on soupçonnait qu'il s'adonnait à des rencontres homosexuelles avec de jeunes hommes quand son épouse n'était pas là. Normalement, Karim était chargé de mettre un somnifère dans le repas du monsieur et d'ouvrir une fenêtre afin que l'autre entre ultérieurement pour commettre le cambriolage. C'est grave, mais pas encore criminel. Mais les choses ne vont pas se dérouler comme prévu. À leur retour, le monsieur sort de sa torpeur et tout dérape. Ils le frappent, il ne perd pas connaissance, ils le frappent encore, finissent par l'attacher, le frappent encore, et ça dure une nuit d'agonie, une horreur, au milieu de laquelle ils ne font qu'aggraver leur cas en tentant de le faire vomir pour que l'empoisonnement ne soit pas détecté. Dans les faits, le dossier est implaidable, mais il y a beaucoup à dire sur la personnalité de mon client et le déroulement des faits. Karim était un gamin de dix-sept ans totalement influençable, manipulé par un cerveau maléfique qui l'avait utilisé comme une arme, après avoir été envoyé par sa mère dans une ville inconnue, se retrouvant dans une situation à laquelle il ne comprenait rien, dès le rendez-vous avec la victime ciblée. En une nuit, sa vie a basculé de paumé à criminel, puis de criminel à détenu, pour longtemps évidemment. Je suis toujours marquée de constater dans les dossiers de meurtre qu'outre la vie de la victime détruite par les faits, celle de ses proches brisée par la perte, la vie de l'auteur se « crashe » aussi violemment sur la réalité des faits et de leurs conséquences.

Le « groupe », constitué dès la réunion de deux individus, modifie les personnalités, les actions et les réactions, par effet d'entraînement, de contagion, de pression sur un être faible d'esprit ou de caractère. Pourtant, la responsabilité pénale de chacun ne se « dilue » pas dans le nombre, au contraire. La pluralité d'auteurs alourdit la peine encourue par la circonstance aggravante de « réunion ». Dans un groupe, on espère que l'un soit plus sensé, capable de retenir les autres, de recouvrer ses esprits et d'interrompre le processus criminel. Je vois plus souvent le contraire : l'emballement de la folie, au profit souvent de l'alcool ou des stups, quand les scènes ne sont pas filmées, circonstance aggravante supplémentaire.

À la brasserie ouverte tardivement où j'attendais le verdict pour Karim avec l'avocat de l'autre accusé, nous avons eu la surprise de voir s'avancer le fils de l'homme victime de nos clients. On appréhende dans ces cas-là ce que la partie civile vient nous dire, rarement des amabilités. Contre toute attente, nous avons entendu :

– Je tenais à vous remercier de ne pas avoir sali mon père…

Jamais cela ne nous serait venu à l'idée ! Mais nous avons été touchés qu'il se donne la peine de nous le faire savoir. Il avait compris que les avocats de la défense, du moins tels que nous l'entendions mon confrère et moi, ne sont pas des ennemis de la partie civile.

Lorsqu'il est reparti en détention, Karim répétait :

– Je vais perdre toutes mes plus belles années.

Je rappelle toujours d'abord à mes clients condamnés que leur victime, elle, n'en vivra plus aucune ! Puis je lui ai parlé avec mon cœur de mère :

– Mon frère répétait cette phrase quand il a préparé le concours de véto, parce qu'il ne vivait que pour travailler entre quatre murs. Même si son sort était plus enviable que le tien dans une cellule, dis-toi que beaucoup de jeunes passent leurs plus belles années enfermés dans une chambre à faire des études. Ta détention, mets-la à profit en vue de ton avenir, fais-en quelque chose de positif. Lis des livres, sur n'importe quoi, apprends sur les étoiles et tu pourras en parler aux filles en sortant, pense au métier que tu as envie de faire, travaille pour devenir l'homme que tu as envie d'être.

Je ne sais pas ce qu'est devenu Karim, je n'en ai plus eu de nouvelles. C'est l'une des grandes frustrations de ma profession. Mais je ne l'ai pas revu et suis sûre que s'il avait eu à nouveau affaire à la justice, il m'aurait appelée. Quand mes clients-auteurs ne reviennent pas, c'est bon signe. Il faut exercer cette mission en croyant à la rédemption !

CHAPITRE HUIT

Vertige de l'audience

Les assises, ça me dévore ! Je serais moins usée si j'y mettais moins d'affect, mais ce ne serait plus moi, et j'y perdrais ce que je crois être ma principale qualité : je fais vibrer parce que je vibre. Si j'analyse toujours une procédure avec le recul professionnel nécessaire, en revanche je suis incapable de prendre de la distance humainement. Et je ne le souhaite pas. Je ne fais pas de ma vie ce qu'il y a de plus serein, mais l'important pour moi, c'est d'effectuer ce qui m'apparaît comme mon devoir, en accord avec mes convictions. Vouloir réparer les vies, essayer de sauver les gens, c'est mon moteur… même s'il consomme beaucoup d'essence, car je ne sais pas m'économiser. Parfois, je m'en veux, quand j'endure une injustice, un verdict inique, un reproche injustifié ou l'ingratitude du client, je me jure que la prochaine fois… et puis la fois suivante, je suis la même. Ma mission d'avocat me vide tellement que je n'ai d'énergie pour rien d'autre. Dans une autre vie, avant d'exercer cette profession, je faisais beaucoup de sport, de la cuisine, de la couture, de la broderie, du tricot, c'est devenu impossible. Il me faudrait un minimum de dynamisme, de temps, de disponibilité intellectuelle, et ma vie est entièrement absorbée par ma mission. Le soir où j'ai fermé la porte de mon cabinet en mars 2020 à cause du confinement lié au Covid, j'ai eu l'impression que la terre s'arrêtait de tourner ! Cela faisait plus de vingt-six ans que l'activité ne s'était jamais interrompue. Mais la trêve fut de courte durée : je suis rentrée chez moi avec des dossiers à étudier, et j'ai tout de suite repris le chemin des tribunaux avec des masques artisanaux. La justice pénale n'a pas cessé d'être rendue.

J'aspire à une paix qui me reposerait les sens. Mais je reviens toujours au genre humain, même si le genre humain m'use souvent, et parfois me tue !

Garder la mesure

Même si ma robe est noir et blanc, je perçois très rarement les êtres qui peuplent mes dossiers de façon aussi dichotomique. Il m'est déjà arrivé d'avoir la rage ou le désespoir au ventre à l'issue d'une audience où la conduite des débats par les magistrats m'avait semblé dénuée d'humanité ou de respect pour les justiciables. Je peux avoir beaucoup de mal à décolérer à la suite d'une décision rendue que j'estime injuste. Je ressens une empathie certaine, pour ne pas dire parfois de l'affection à l'égard de mes clients. Mais je n'éprouve en général pas de haine contre les accusés lorsque je suis partie civile. Derrière un auteur, je vois toujours le bébé qu'il a été, à qui la mère n'imaginait pas un tel destin, l'enfant dont la vie a souvent été cabossée, l'adulte derrière le criminel, conjoint et père de famille (ou conjointe et mère, mais c'est plus rare). Je suis résolument et absolument contre la peine de mort. J'avoue cependant avoir eu une forme de soulagement d'apprendre le décès d'un psychopathe, violeur et assassin dans sa prison au Maroc. Encore avait-il fallu que l'affaire, dans laquelle j'étais partie civile, soit particulièrement abjecte, et la personnalité du condamné abominable, tristement illustrée par les multiples crimes que cet homme, d'une dangerosité absolue, avait commis.

À trente-huit ans, Driss Sajdi avait déjà tué et probablement violé, en août 1991, une jeune fille d'une vingtaine d'années, ce qui lui avait valu vingt ans de réclusion, dont une sûreté des deux tiers. Sorti en juillet 2004, il avait rencontré Émilie, une fille de vingt-trois ans qui vivait avec sa mère, Maryse, auxiliaire de vie. Vu le profil du prince charmant connu de tous dans la région, la maman, quinquagénaire, veuve depuis peu, s'opposait à cette relation. Qu'à cela ne tienne, Driss avait réussi à convaincre Émilie qu'il était simple de se débarrasser du problème que constituait pour eux sa mère. En janvier 2005, il l'avait violée, battue et étranglée sous les yeux d'Émilie, qui lui avait prêté main-forte pour… découper le corps. J'intervenais aux côtés des deux sœurs d'Émilie, Annabelle et Angélique. Inquiètes de ne pas voir leur mère à la sortie de l'école du village où elle venait souvent chercher ses petits-enfants, elles s'étaient résolues à pénétrer dans la maison en brisant le carreau d'une fenêtre. L'intérieur était impeccable, mais en arrivant dans la cuisine, elles ont eu la surprise de voir des produits frais sur la table. Spontanément, elles ont ouvert le réfrigérateur et y ont trouvé des sacs poubelle. Alertées, mais à mille lieues de s'imaginer leur contenu, elles ont appelé la police, qui leur a demandé d'attendre dans le jardin avec leurs enfants. Puis elles ont vu arriver une jeune femme, dont elles apprendront qu'il s'agissait de la substitut du procureur de permanence. C'est elle qui est sortie pour leur annoncer

« avec tact et délicatesse » : « Dans le frigo, c'est votre mère et elle est en onze morceaux. »

Elles ont été directement emmenées à la brigade criminelle et placées en garde à vue, comme leur petite sœur, qui a fini par dénoncer Sajdi et avouer son implication, les traumatisant un peu plus. Émilie a été condamnée par la cour d'assises de Melun en 2008 à vingt ans de réclusion criminelle alors que son compagnon de malheur avait réussi à s'enfuir au Maroc en espérant échapper à toute poursuite. Mais cet homme était incapable de vivre sans détruire. Alors que la France avait signalé à la justice marocaine les faits qu'il avait commis, il a récidivé là-bas en enlevant une femme dans la rue pour la séquestrer et la violer. Elle n'a dû sa survie qu'à l'intervention de passants alertés par ses hurlements. Il a donc été arrêté et jugé là-bas pour « l'ensemble de son œuvre ». En janvier 2009, je me suis déplacée en compagnie de mes clientes pour son procès à Fès, où j'ai plaidé en duo avec un confrère marocain. Driss Sajdi a été condamné à perpétuité. Il a fait appel et j'y suis retournée, sans mes clientes cette fois, en novembre de la même année. Les mêmes causes ont produit les mêmes effets, et une seconde condamnation à perpétuité. Mon confrère m'a soufflé d'un air entendu :

– Il ne restera pas longtemps en prison…

Je m'apprêtais à me révolter quand il a ajouté :

– … Il se fera tuer avant la fin de sa peine.

Ce qui n'a pas manqué. Il a été retrouvé pendu un matin. Suicide ? Meurtre ? Il n'y a pas eu d'enquête à ma connaissance. Je sais que mes clientes sont restées traumatisées au plus haut point, devant maîtriser une peur au ventre irraisonnée pour leurs enfants, soudées toutes les deux afin de tenir bon. Émilie est sortie en 2019, ce qui a encore accentué leur angoisse. Au procès, elles n'ont pas obtenu la moindre réponse de leur benjamine, ni perçu chez elle la moindre émotion.

Préparer les clients

Les parties civiles, comme l'accusé, doivent être préparées à l'épreuve de l'audience. Il est arrivé que des parties civiles crient « à mort » contre l'accusé. Plus couramment, beaucoup ont envie de l'insulter, quand ce n'est pas de lui « casser la gueule ». Mais la première réaction face à quelqu'un qui est en rage est de le mettre à distance, et les jurés n'échappent pas à ce réflexe. C'est pourquoi les familles de victimes en colère ou les victimes agressives deviennent inaudibles pour la cour. Quand c'est le cas, que je n'ai pas pu éviter le débordement, j'explique qu'il faut entendre leur souffrance derrière leur fureur. Mais même si la raison des jurés m'entend, leur cœur a battu en retraite. Apprendre à ses clients à communiquer pour que l'on puisse percevoir leur douleur fait partie de mon travail. Quant à l'accusé, sa préparation peut parfois relever de la mission impossible ! J'ai le souvenir cuisant d'un de ceux pour qui j'avais été commise d'office, très perturbé et violent, qui avait commis un viol avec actes de torture et de barbarie sur une jeune femme. Il avait été tellement médiqué par le médecin de l'administration pénitentiaire pour l'audience qu'il dormait souvent à poings fermés dans son box, me laissant bien seule devant la cour. À un moment, la présidente de la cour d'assises s'adresse à lui :

– Est-ce bien ensuite que vous avez introduit une bouteille de whisky dans le vagin de la victime ?

J'ai dû taper sur la tablette entre nous pour le réveiller, et, tandis qu'il se levait en bâillant, la présidente répétait sa question, pour l'entendre répondre dans son bâillement :

– Euh non… de vin blanc…

Puis il s'est rassis et rendormi !

Je ne sais plus précisément ce que j'ai plaidé, mais j'avais axé mon discours sur la nécessité de ne pas succomber à la tentation de le condamner aux trente ans requis par l'avocat général sans s'interroger sur l'homme qu'il était, au-delà de ses actes. Je me souviens avoir vu le premier juré, à l'issue de ma prise de parole, se tourner vers l'assesseur à sa gauche et l'avoir entendu souffler : « Ça n'est pas si facile… » Je croyais avoir ébranlé ses certitudes. Quand quelques semaines plus tard, j'ai croisé ce magistrat, je lui ai dit ce que j'avais entendu et cru comprendre. Il s'est esclaffé :

– Ah non, Maître, ce n'est pas de décider qu'il trouvait difficile, mais votre travail !

Mon client avait été condamné à vingt ans de réclusion, ma première peine aussi lourde, et je me souviens, c'est idiot, avoir pensé : « Quand on aime, on a toujours vingt ans. »

Je déconseille bien sûr aux accusés de verser des larmes de crocodile, de débiter un discours par cœur, d'être dans le surjeu autant que dans le sous-jeu de l'absent à sa propre histoire. Je répète à mes clients ce qui est essentiel une fois trouvé l'axe de défense : être authentique. Et cohérent. J'ai déjà entendu un accusé, alors qu'un confrère plaidait son innocence, puis pour son acquittement, avoir pour derniers mots :

– Je suis désolé de ce que j'ai fait.

Dommage…

Devant la cour d'assises, on décortique des années de vie.

Ressurgissent des micro-événements qui peuvent prendre une ampleur disproportionnée : le prof qui adorait l'adolescent rebelle que fut l'accusé, ou l'instit' qui le détestait. Les uns comme les autres, accusés et victimes, vont voir figés des moments de leur vie qui leur paraissaient anodins et qui prennent à la barre une couleur particulière. Les jurés sont parfois perdus. On leur demande de sceller le destin de deux parties sur des sujets très lourds. Souvent, je me dis qu'on leur demande l'impossible, comme aux magistrats, et que je n'aimerais pas être à leur place.

Gagner le cœur des jurés

L'enjeu, pour moi, c'est de gagner le cœur des jurés, d'y entrer en tout cas. Car « On ne voit bien qu'avec le cœur[1] », c'est mon credo. Ils sont un gage de neutralité dans la mesure où ils ne se connaissent pas entre eux, sont de tous horizons et de tous milieux. Ils échappent aux travers des magistrats, trop souvent blasés, susceptibles de s'aligner sur la position du collègue qu'ils aiment bien, de s'opposer à celui qu'ils n'aiment pas, quoique ce ne soit pas le principe, normalement. Parfois, les jurés auront la main plus lourde, parfois plus légère que des juges professionnels. Je n'aurais par exemple jamais obtenu un acquittement en première instance pour Lydie Debaine, qui avait tué sa fille volontairement et le reconnaissait, avec une juridiction composée exclusivement de magistrats professionnels.

Depuis quelques années, les jurés sont autorisés à poser des questions directement aux témoins, experts, à l'accusé

1. Saint-Exupéry, *Le Petit Prince.*

et à la partie civile. Mais la plupart du temps, ils n'osent pas, et les font passer sur des petits papiers au président qui peut les reformuler. Certains jurés surprennent par la pertinence de leur question, d'autres nous montrent le pire.

Une de mes clientes, qui avait rencontré un type apparemment très sympa dans un train de banlieue, avait accepté d'aller prendre un café chez lui. Dans le pavillon l'attendaient beaucoup d'amis du garçon, des armes, des menaces et des viols. Un juré a posé cette question incroyable à ma cliente :

– Mais enfin, vous saviez ce que vous vouliez en allant prendre un café, non ?

Je dois dire qu'en un sens j'ai « apprécié » ! Cela ne me serait jamais venu à l'idée que l'on puisse penser une aberration pareille, et donc de devoir expliquer en plaidant qu'« un café, c'est pas coucher », comme quoi même une question très déplacée peut être utile. J'ai eu l'occasion de rappeler ainsi quelques bases de la vie en société et des relations entre les sexes. Je préfère les jurés actifs aux jurés passifs. Même s'ils ne doivent pas manifester leur opinion, on peut percevoir où le bât blesse éventuellement. Il ne faut pas croire que les jurés sont forcément du côté des victimes. Ils ont davantage d'émotions que les magistrats, même si on leur demande de juger en n'écoutant « ni la haine ni l'affection ». Ils peuvent être influencés par des victimes désagréables et des accusés affables, voire dans la séduction. Mon rôle est de leur offrir des arguments, comme autant de petites lumières, qui vont les aider à penser, avec leur cœur, mais aussi avec leur esprit, en évitant la manipulation.

Chaque tribunal, et plus encore chaque cour d'assises, a son ambiance, imprégnée du contexte socio-culturel, même dans notre société diversifiée. Selon que l'on plaide en

Normandie ou en Corse, et même à Pontoise, Nanterre ou Versailles, les sensibilités ne seront pas les mêmes. Il vaut mieux se faire juger à Bobigny pour un petit trafic de stups qu'à Quimper. Il y a, dans certaines juridictions, une banalisation des délits récurrents, à moins qu'on ne soit passé de la banalisation à l'exaspération.

Aux assises, le moment de la sélection des jurés et des récusations éventuelles est toujours délicat. On doit en partie se fier à l'apparence des gens, en partie seulement. Certains avocats de la défense craignent les profils visiblement bourgeois, en les imaginant plus durs avec l'accusé car de droite, voire « fachos », d'aucuns pensent que les gens bien mis peuvent aussi avoir l'habitude de se concentrer de longues heures, de s'interroger et de raisonner, alors que finalement des personnes paraissant plus « cool » seront intraitables en délibéré. Il suffit pour s'en convaincre d'écouter les commentaires au café du commerce :

– Faut le pendre par les couilles, c'est tout !

Au salon de thé, on sera parfois plus nuancé…

Le rôle du président et de ses deux assesseurs, qui vont aider les jurés à réfléchir (normalement pas les infléchir) et répondre à leurs questions durant les délibérations, n'est pas indifférent. Même si les magistrats doivent s'appliquer à une forme de neutralité, le président peut prendre l'ascendant sur les jurés, les influencer ou leur affirmer des positions de principe. Mais pour finir, la voix de chacun comptera de la même manière, et dans l'ensemble, j'aime les jurés et leur bon sens.

Rituels

Avant le départ, je fais mes provisions de chocolats chez Valadon à Pontoise, le meilleur chocolatier de l'univers, que je m'offre pour « tenir » aux assises. Je carbure aux chocolats. Quand j'ai fini la boîte, bon… LES boîtes, je fonce au distributeur que compte tout palais de justice attraper des M&M's, des Mars, qu'importe… Cette drogue m'a semblé préférable à la cocaïne ou à l'alcool, qui ne m'ont jamais tentée. J'aime avoir l'esprit vif, ne surtout pas perdre le contrôle, être digne de confiance, digne des gens, digne de ma profession. La veille de la plaidoirie, je cours au Franprix attraper une tablette pour une nuit où je dormirai encore moins que d'habitude, parce que je révise, j'annote. Je mets mon cerveau en ordre de bataille, à défaut d'écrire la plaidoirie, chose que je n'ai faite que pour *Charlie Hebdo*, où nous étions chronométrés, et l'affaire Daval où, arrivée tard dans le dossier pour l'oncle et parrain d'Alexia, j'avais promis à mes confrères de ne pas m'étendre.

Comme les assises me dévorent, j'ai faim. Pendant les jours d'audience, je mange plus que jamais, à mon grand dam. Michel Mary, le journaliste du *Nouveau Détective* qui fréquente assidûment les cours d'assises, m'appelle « entrée-plat-dessert ». Rien ne me résiste, ni le salé ni le sucré. Autrefois, je prenais mes repas avec les familles des parties civiles, mais j'ai réalisé que le plus souvent elles ont envie d'être entre proches pour débriefer et décompresser. De mon côté, j'en profite pour travailler, réfléchir…

Lorsque j'enfile ma robe, je deviens La Voix, celle de mes clients, celle qui est leur pilier, leur abri. Mes grandes manches en sont les ailes sous lesquelles je les couve. Ma robe est sobre, pour tous les avocats la même. Mais je la personnalise avec des rabats qui s'affranchissent du plissé blanc classique, parfois répugnant de crasse chez certains confrères ! C'est en 1995, à la faveur d'un échange entre mon barreau du Val-d'Oise et celui de Trois-Rivières au Québec, que j'ai découvert leur robe ouverte et leurs rabats attachés sur un col de dentelle... J'en ai rapporté plusieurs, et ils ont fait le régal des dessinateurs « croqueurs d'audience », notamment lors du procès du commando qui a assassiné le préfet Érignac, les distrayant de l'uniformité ambiante. L'intérieur de l'une de mes robes d'audience noire est en satin rose, couleur fétiche qui me revigore et me rassure. Un peu de douceur ne nuit pas pour affronter ce qui nous attend. À une jeune cliente partie civile particulièrement tendue, je peux faire choisir le rabat qu'elle préfère parmi tous ceux que je possède aujourd'hui, en dentelle, en soie, plissé ou ajouré. Une façon de l'inscrire dans le monde des vivants et de réchauffer l'atmosphère lugubre des travées glacées de la justice.

Sur la ligne de front

Pour les assises, j'imprime tout le dossier, je suis un cauchemar pour les arbres. Je ne sais pas travailler avec un ordinateur, même au bureau où je n'en ai pas. Pendant des années, j'ai dicté à ma secrétaire qui prenait les notes en sténo et quand elle est partie en retraite, ça a été la catastrophe, un peu rattrapée par le téléphone portable. Mon iPhone est la prolongation de mon bras, de mon corps, de mon esprit. J'y relis mes mails, j'y corrige les conclusions, je suis la reine de la capture d'écran et du copié-collé. Mais le temps des assises, je suis totalement absorbée, dans une autre dimension, sauf pour gérer la vie du cabinet avec mes collaborateurs pendant les suspensions d'audience.

Lorsque j'arrive aux assises avec ma ou mes valises remplies de dossiers et de classeurs, mes confrères ricanent ou me chambrent, eux qui voyagent léger, juste avec un ordinateur portable ou une tablette. Mais il est exceptionnel qu'ils ne me demandent pas une pièce de procédure ou un procès-verbal sur papier, à un moment ou à un autre de l'audience… C'est encore les vieilles peaux qui font la meilleure confiture ! Ce dossier, il faut le connaître parfaitement, en posséder toutes les lignes, pour ensuite à l'audience être ultra-vigilant, et ne rien manquer. Au procès, tout peut arriver, raison pour laquelle il est impossible de préparer la plaidoirie avant la fin des débats. Pendant toute la durée de l'audience, plusieurs jours, et parfois, plusieurs semaines ou mois, je vais devoir traquer les incohérences, poser des questions, ne pas accepter les feintes que de toute façon je ne supporte pas, approcher de la vérité, rechercher ma vérité, pour en faire une vérité judiciaire en espérant convaincre la cour. Je cherche, j'analyse, je raisonne, je démontre. J'affronte mieux la réalité quand je la comprends. J'ai devant moi ma rangée de Stabilo et de Post-it multicolores, à côté de moi des chemises cartonnées de toutes les teintes. Je dispose de codes couleurs pour tout, je sais que le jaune est pour les témoins, le rose les victimes, le bleu les accusés, le violet les expertises, le rouge les actes d'enquête et l'orange la téléphonie ! Je suis toujours prête à monter au créneau quand le président me donne la parole.

Les assises demandent une concentration énorme. Quand on y va avec des stagiaires, ils ressortent en me disant : « Mais c'est épuisant ! » Suivre les débats, noter, poser des questions, est source d'une immense tension nerveuse parce qu'il faut toujours analyser si ce qui se dit matche au regard des milliers ou dizaines de milliers de pages d'une procédure. Le cerveau doit toujours mettre en parallèle l'audience et le dossier : « Il dit ceci, mais il y a cela, et aussi cela », c'est vraiment un métier d'éclairagiste. Le dossier donne la preuve par exemple que tel témoin est un ange à froid, mais à chaud, je n'en suis plus si sûre, ou bien il était à charge et à l'audience devient à décharge, ou son témoignage paraissait crédible, et il devient crétin à la barre. Et puis il y a la sempiternelle question, pour ceux qui modifient considérablement leur version :

– Pensez-vous que vous vous souvenez mieux des faits aujourd'hui ou le lendemain, date de votre déposition ?

Les présidents ont plus ou moins l'art d'animer les débats, plus ou moins tambour battant, plus ou moins à charge ou à décharge, en donnant plus ou moins la parole à l'accusé. Je déteste la grande mode de n'interroger les accusés qu'à la toute fin d'audience, de faire le reste du temps comme s'ils n'étaient pas là, que je sois du côté de la défense ou de la partie civile. Cette façon d'instruire, certes, n'alourdit pas les débats, mais ne permet pas de les faire réagir au fur et à mesure des dépositions ou expertises, empêche de les entendre… et leur évite de se livrer, ou de se tromper. C'est pourtant leur vie qui se joue. Parfois je demande au président :

– Puis-je poser une question à l'accusé ?

Et il m'arrive d'entendre répondre :

– Non, Maître, on l'interrogera plus tard.

Dans de telles conditions, c'est une justice administrative

qui déroule le dossier, or pour moi, une audience d'assises, c'est de l'humain. C'est tout l'intérêt de l'oralité des débats.

Je cherche à ce que l'accusé révèle sa personnalité, que quelque chose en sorte, qu'il craque, pourquoi pas qu'il se mette en colère. Dans le dossier Colonna, mon client était un gendarme qui avait été pris en otage à l'occasion de l'attaque de la gendarmerie de Pietrosella, lors de laquelle les terroristes avaient dérobé l'arme qui servirait ensuite à assassiner le préfet. Tous les attaquants étant cagoulés, nous devions tenter d'identifier le rôle de chacun. Mon client avait été traîné, comme son collègue, un sac sur la tête et une arme sur la tempe, jusque dans le maquis où il avait cru sa dernière heure arrivée. Je me souviens encore de son audition à la barre de la cour d'assises de Paris, spécialement composée uniquement de magistrats, comme toujours en matière de terrorisme, lorsque d'une voix blanche il a raconté :

– Ils nous ont dit de nous allonger face contre terre. Je me suis exécuté.

Dans ce mot « exécuté », il y avait l'impuissance, mais aussi la certitude de recevoir une balle dans la nuque. Au moment de l'attaque de la gendarmerie, il avait décrit l'un des assaillants comme impétueux, s'étant mis en colère, et d'après les éléments de l'instruction il s'agissait d'Alain Ferrandi. Des témoins étaient venus dire que Ferrandi ne se mettait jamais en colère. Donc, avec mes questions je l'ai mis en colère, et il était très en colère contre moi d'être en colère. Je l'ai fait exprès parce que j'en avais besoin pour ma démonstration. Je ne fais rien gratuitement. Je me garde d'énerver l'accusé dans d'autres circonstances. Je ne suis pas contre lui mais pour mes clients.

La plaidoirie, cœur habité

Je prépare ma plaidoirie la veille, les grandes lignes, en m'appuyant sur tout ce que j'ai noté pendant l'audience. La procédure est strictement orale, et rien ne peut être plaidé qui n'ait été abordé pendant les débats. Plus que jamais, mes codes couleurs sont précieux. Chez moi, j'étale tout par terre, sur le lit si je suis à l'hôtel, et progressivement, tout prend corps. Je sais tout ce que je veux dire d'important, je trouve un ordre, une logique, puis mes yeux se croisent vers minuit, parce que je tombe de fatigue à force de mouliner. Je règle mon réveil sur trois ou quatre heures du matin, mais j'ouvre toujours les yeux avant. Je suis capable de ne dormir que deux heures, je grignote.

Le jour J, avant de me lancer, je prie intensément : « Esprit saint, éclairez-moi, Esprit de Lumière, embrasez-moi » ! Quand il s'agit d'un homicide, je prie pour la victime, en pensant très fort à elle : « C'est pour toi... » J'ai, malgré ma profession, une foi inébranlable dans la spirale vertueuse de la vie : si je fais le bien, il en sortira du bon. Je ne crois pas à un dieu assis sur un nuage qui porterait la barbe, mais j'ai une foi qui me tire vers le haut. Je me sens comme un vecteur, un transmetteur, avec le besoin d'être inspirée et habitée au moment où je plaide. Je le sais, il va me falloir cette lumière pour être entendue.

Les procès en première instance ont toujours une intensité dramatique bien supérieure aux procès en appel, qui n'existaient pas quand j'étais jeune avocat. Le verdict était définitif, car le législateur avait décidé que le peuple était souverain, qu'il ne pouvait pas se tromper... Aujourd'hui, il y a énormément d'appels en matière criminelle, ce que je regrette parfois parce que les victimes sont usées, l'accusé rodé, les avocats doivent tout recommencer à zéro et l'audience se déroule forcément différemment. Je m'en réjouis juste quand j'estime que le premier verdict n'a pas été juste, dans un sens ou dans l'autre.

Au moment de prendre la parole, je me vide pour faire de la place à celui ou celle pour qui je plaide, à ceux qui vont m'écouter, et je l'espère, m'entendre. J'ai un trac qui me donne le sentiment que mon cœur va s'arrêter de battre. Avec l'expérience, on est, un peu, plus sûr de soi. J'ai moins l'angoisse aujourd'hui d'avoir la voix qui tremble ou de m'écrouler au milieu de la salle... quoique. L'angoisse, le stress, que je connais avant de plaider est un état indescriptible.

La naissance de mes enfants m'a rendue encore plus vulnérable, plus empathique. Je me souviens d'une affaire d'homicide involontaire devant le tribunal correctionnel de Beauvais, un drame de la route encore, dont la victime avait dix-neuf ans. Tuée dans l'accident de la voiture d'amis, par un chauffard ivre, tragédie de la vitesse et de l'alcool. Elle avait deux frères et ses parents l'appelaient de façon parlante « notre fille unique ». Je leur avais dit :

– Écrivez, ensemble ou chacun de votre côté comme vous préférez, qui elle était, quel vide elle a laissé dans votre vie, comment cela se passe depuis...

Ils m'ont remis chacun leur lettre, mais celle du père était extraordinairement bouleversante. Elle était, non pas écrite à mon intention, mais adressée à sa fille décédée. J'ai cru pouvoir en lire un extrait lors de ma plaidoirie, mais ma voix s'est brisée et je n'y suis pas parvenue. J'ai refermé mon dossier où elle figurait en bonne place, et je l'ai donnée au tribunal en recommandant aux juges de la lire au cours de leur délibéré.

Peu de temps après, j'étais partie civile aux côtés des parents d'Anthony, un garçon de douze ans, allé chez un copain de copain un mercredi après-midi, et celui-ci avait dit pour faire son mariole :

– Venez voir ce qu'il y a dans le grenier, dans un drap…

C'était un fusil à pompe, rangé là sans cartouches. Mais c'était compter sans la détermination d'un gamin fasciné par sa découverte, qui avait malheureusement trouvé des munitions dans un petit bois à proximité. Les enfants ont commencé à manipuler l'arme, à la charger et à « pomper ». Mais au moment de la décharger, personne ne savait s'y prendre, et le coup est parti. Anthony se trouvait au mauvais endroit, il a été tué à bout portant. Ses parents étaient des gens adorables, très démunis et désespérés par ce drame. Leur fille, qui avait un an de plus qu'Anthony, était dévastée. À l'âge de seize ans, entre le drame et le procès, elle était enceinte et m'avait expliqué vouloir appeler son bébé Anthony, comme son frère. Je le lui avais déconseillé, elle m'avait écoutée.

Je demande toujours des photos et le jour de l'audience, ils sont arrivés avec un album, où on voyait Anthony bébé, Anthony plus grand, sa chambre restée intacte et sa tombe avec des fleurs. Accompagnant cet album, il y avait un texte bouleversant. La maman, agent dans une école primaire, s'était livrée à sa directrice, incapable de s'atteler seule à une tâche aussi douloureuse. Quand j'ai pris connaissance de cette lettre qu'elle voulait que je lise à voix haute à l'audience, j'ai flanché et je lui ai proposé de la transmettre au tribunal pour enfants et à l'avocat de la partie adverse, pour qu'il la fasse suivre au mineur et à ses parents, mais elle m'a répondu :

– Non, vous la lirez à l'audience.

J'ai le souvenir d'avoir réussi à le faire sans pleurer, sans m'effondrer. J'ai eu l'impression de me dédoubler pour parvenir, au prix d'un effort considérable, à y mettre le ton et les silences qui convenaient. Lorsque je repense à ce moment, j'ai exactement les mêmes sensations que celles que j'avais en grimpant sur une voie du Verdon, en tête et à vue, concentrée au-dessus du dernier mousqueton, pas après pas, gratton après gratton, à oublier le vide et chasser la trouille intense pour rester efficace. Tenue de gérer mes émotions, mais hypersensible et réceptive à tout, dans une forme d'autohypnose et en même temps dans un état d'extralucidité. Je pense que cette audience a été pour moi un paroxysme. Mais ce vertige est toujours là, car je ne peux pas plaider sans m'engager. On ne plaide bien que ce à quoi on croit, fondamentalement.

CHAPITRE NEUF

Privés de procès

Le procès est une épreuve, mais le pire pour les victimes ou leur famille est d'en être privé. Cold case, irresponsabilité pénale, prescription, non-lieu, il y a diverses raisons de ne jamais affronter, en audience, celui ou ceux qui ont fait basculer des vies. Ces motifs, tous différents, sont toujours mal vécus. Un procès marque une étape dans les vies abîmées. S'il ne répare pas, au moins il ne laisse pas un agresseur impuni. Pour l'immense majorité des parties civiles, le procès est vécu comme nécessaire, salutaire, libérateur. Son absence peut pourtant avoir des motifs légitimes, à défaut d'être audibles par les victimes. Encore faut-il savoir expliquer aux justiciables les raisons valables de leur frustration, le sens de la loi. Le monde de la justice manque souvent cruellement de pédagogie. C'est à l'avocat de faire ce travail, chose très difficile, et parfois impossible.

Les cold cases : les clous dans mon cœur

Une douleur dépasse toutes les autres, drame pour les familles mais aussi pour la société tout entière : que le meurtrier ou violeur n'ait jamais été identifié. Depuis trente ans, certains de mes dossiers ont été résolus, d'autres sont en passe de l'être, mais il en est qui ont gardé tout leur mystère. Je les appelle : les clous dans mon cœur.

Je déteste l'oubli, j'exècre l'injustice, et je ressens un attachement profond aux parents de ces victimes toutes particulières. Certains se manifestent régulièrement, admirables de ne pas s'être éteints à force de tristesse.

La détermination de Jonathan Oliver, père de Cécile Vallin, est intacte, mon engagement à ses côtés aussi fort qu'au premier jour. Cécile est devenue comme quelqu'un de ma famille au fil des vingt-cinq ans de familiarité avec son visage, avec son père et sa sœur Chloé aussi. Jonathan Oliver ne manque jamais de m'envoyer ses vœux, un petit mot, des nouvelles. Nous prenons contact dès que l'ombre d'une piste se profile. Il a désormais connu sa fille plus longtemps absente que présente, puisqu'elle avait dix-sept ans quand elle a disparu, il y a vingt-six ans. Il vit la pire peine qui soit, selon une hiérarchie objective des drames, au-delà de la capacité personnelle variable à encaisser la douleur : un cold case sans corps, une disparition pure et simple. Difficile de douter toutefois aujourd'hui qu'il s'agisse bien d'une affaire criminelle.

Le dimanche 8 juin 1997 en fin d'après-midi, cette jeune fille sans histoires, belle et sportive, bonne élève qui doit passer l'épreuve de philosophie du bac la semaine suivante, téléphone à son père. Lui habite en Normandie, elle à Saint-Jean-de-Maurienne, en Savoie, avec sa mère et son beau-père, proviseur de lycée dont la famille occupe le logement de fonction. Elle a passé le week-end seule au domicile, et le samedi, a organisé une petite soirée avec quelques amis, en cachette puisque son beau-père ne veut pas qu'elle fasse de fête à la maison. Lorsque sa mère et son beau-père rentrent de leur week-end, vers minuit, ils disent ne pas l'avoir trouvée dans sa chambre. Sa disparition ne sera malheureusement signalée que le lendemain.

Alors qu'on peut parfois penser à une fugue ou à un choix de rupture avec le quotidien, hypothèses envisageables quand il s'agit d'un adolescent rebelle un peu perdu ou d'un adulte dont les proches conçoivent les velléités d'échapper à sa vie, quelle qu'en soit la raison, la disparition de Cécile est immédiatement prise au sérieux.

Ce qui m'agace toujours, c'est le terme journalistique de « disparition volontaire », puisque tant que quelqu'un est porté disparu, on ignore s'il est parti volontairement ou non ! Le corrélatif de la disparition, c'est l'absence d'explication.

Pour les majeurs, fuir sans laisser d'adresse est un droit. Même si je reste persuadée que ceux qui font un tel choix, et je pense qu'ils sont rares, ne peuvent pas imaginer à quel point ils vont faire souffrir leurs proches. La « recherche dans l'intérêt des familles » ayant été supprimée, ce sont des journalistes ou enquêteurs privés qui les localisent parfois, pour les entendre émettre le souhait de ne pas réapparaître. Mais ce droit de l'individu ne doit pas se transformer en possibilité pour les enquêteurs de rester inactifs face à une alerte des proches, ce qui a longtemps et souvent été le cas. Heureusement, les choses ont changé, et une attention particulière est désormais portée aux disparitions dites « inquiétantes ». Celle de Cécile a été d'emblée tenue comme telle. Mineure, elle fourmillait de projets. Grande sportive, volatilisée en jean et baskets sans argent ni papiers d'identité, vue pour la dernière fois alors qu'elle marchait d'un bon pas comme souvent, elle avait hâte d'obtenir son passeport pour la vie d'adulte, le bac, rêvait de ses vacances en Espagne et de s'installer à Grenoble pour ses études. Très attachée à sa famille, elle ne l'aurait jamais laissée sans nouvelles. Les gendarmes n'en ont pas douté.

Toutes les pistes ont été explorées au fil du temps. « Tout a été fait, sauf ce qui n'a pas été fait », comme on dit en matière de cold cases. En consciencieux avocat de la partie civile, j'ai tordu le dossier dans tous les sens, échafaudé un tas de scénarios, fait des demandes d'actes. J'ai été aidée par Jonathan et ses amis, et depuis peu par les bénévoles de l'ARPD[1], autre association que j'ai rejointe, regroupant notamment des anciens enquêteurs de la police et de la gendarmerie. En 2008, une fouille au géoradar de l'autoroute A43 dont les travaux se déroulaient au moment de la disparition de Cécile a été organisée par la juge d'instruction Hélène Gerhards, très impliquée dans ce dossier. On envisageait que le corps de Cécile ait pu être dissimulé là, dans les fondations. Ce jour-là, Jonathan Oliver, arrivant de Normandie, et moi avons pris ensemble le TGV pour Chambéry. J'espérais qu'on retrouve le corps de Cécile, tenir un fil qui nous mène à la vérité, parce qu'en professionnelle, je dois bien envisager qu'elle ne soit plus vivante. Mais lui, son papa, oscillait entre deux positions. Savoir enfin, c'était aussi ne plus avoir le moindre espoir qu'elle soit encore en vie. De façon consciente, il s'interdisait d'espérer que l'on retrouve son corps.

Dès qu'un criminel, ou fortement suspect, qui sévit dans la région ou non loin de là est arrêté, ma tête calcule son âge en 1997, fouille entre les lignes des articles pour savoir où il vivait à cette époque, espérant le lien potentiel avec la

1. Assistance et recherche de personnes disparues.

disparition de Cécile. Je l'ai même fait pour Nordahl Lelandais, quand les affaires de Maëlys et du caporal Noyer ont éclaté dans les journaux, mais il avait quatorze ans en 1997. Chaque nouvel acte nous permet d'espérer : la saisine d'un autre service d'enquête, la Section de recherches de Chambéry, puis la grande OCRVP[1] de compétence nationale. À l'automne 2022, la juge d'instruction d'Albertville s'est dessaisie du dossier au profit du tout nouveau Pôle cold cases de Nanterre, faisant renaître un formidable espoir. Aujourd'hui, c'est la piste Yves Chatain que je souhaite voir examinée. Cet homme a été confondu en mai 2022 pour le crime d'une jeune femme de vingt-cinq ans, Marie-Thérèse Bonfanti, « disparue » en 1986 en Isère, dossier qui avait été clos en 1988. C'est la famille, aidée de l'ARPD et notamment du commissaire retraité Philippe Folletet, qui a permis d'élucider ce cold case, trente-six ans après ! Elle a apporté les résultats de ses investigations au procureur, ce qui a entraîné la garde à vue d'Yves Chatain. Il est passé aux aveux face aux preuves. Aux preuves seulement, car qu'on ne s'illusionne pas, aucun meurtrier n'est pris de remords sur son lit de mort ! Du moins pas à ma connaissance. Le meurtrier fait sa vie, regarde le crime de plus en plus à distance, généralement comme un accident ou un cauchemar, il n'a aucune envie de mourir dans la honte et la haine de ses proches. Comme Yves Chatain était chauffeur routier et que six jeunes femmes se sont « volatilisées » autour de son domicile, les enquêteurs tentent de retracer son parcours, pour découvrir la route de quelles victimes ou disparues il aurait pu croiser. Peut-être s'agit-il

1. OCRVP : Office central pour la répression des violences aux personnes.

d'une impasse, mais on ne peut négliger une piste aussi prometteuse.

L'espoir est une béquille autant qu'un poison, les questions sans réponses sont des tortures qui fouaillent le cerveau et les entrailles. Je n'exclus aucune hypothèse, en dehors de celle de la fugue ou du suicide. Il pourrait aussi s'agir d'un homicide involontaire, d'un accident de la route, suivi de la panique du conducteur qui aurait fait disparaître le corps, tout est possible. Une mesure indispensable et simple me semble urgente à prendre pour éviter quelques-uns de ces deuils sans corps : relever systématiquement les ADN des enterrés sous X quand l'on retrouve un défunt sans identité. Ce n'est pas systématiquement fait. Or parmi eux se trouvent nécessairement des « disparus ». Point accessoire, mais symboliquement lourd, le père de Cécile Vallin n'a jamais touché un centime de la CIVI, parce que sa saisine suppose qu'il y ait un crime démontré, et le Fonds de garantie nous opposerait que Cécile pourrait avoir fugué, s'être suicidée, ou être tombée dans la montagne, qui a évidemment été ratissée. À ce jour, Cécile Vallin n'est plus là, mais elle n'a officiellement été victime « de rien » ! Son père a écrit un livre[1] très touchant à son sujet, pour que l'on parle d'elle encore et encore, comme je le fais régulièrement dans les médias, me donnant l'occasion d'un énième appel à témoins, avec diffusion de sa photo. J'assène toujours les mêmes mots : « Quelque part, quelqu'un sait. » Je n'arrive pas à envisager de mourir sans savoir ce qui est arrivé à Cécile.

Ce qui me permet de continuer à y croire est d'avoir vu, lors de ma carrière, des affaires se résoudre après des années

1. Jonathan Oliver, *Cécile, ma fille disparue*, L'Archipel, 2016.

d'errance et de mystère. J'ai déjà parlé de Dino Scala, le « violeur de la Sambre », dont l'interpellation en 2018 a mis fin à trente ans de crimes jusque-là impunis. C'est deux ans après les faits que le violeur d'une femme de trente-huit ans, qui a cru sa dernière heure arrivée alors qu'elle partait prendre son train à Cergy pour aller au travail, a été interpellé. Un petit matin de 2005, elle a vécu, outre le viol, un calvaire, et des coups d'une violence extrême, la laissant extrêmement traumatisée par les faits et le sentiment de sa mort imminente. Durant longtemps, elle ne pouvait plus partir au travail ni monter dans un train, puis elle a repris un mi-temps thérapeutique. Malgré son réflexe immédiatement après l'agression d'aller déposer plainte, ce qui a permis un relevé d'ADN, il n'a pas été possible d'identifier l'auteur, inconnu au FNAEG[1]. Il faut savoir que ce fichier, mis en place en 2001 après avoir été voté en 1998, n'enregistrait alors les profils génétiques que de façon très restrictive. Restait le fichier Canonge[2], un inventaire beaucoup plus large des mis en cause dans des délits et des crimes avec leurs photos, et c'est sans relâche qu'au fil du temps, les enquêteurs ont présenté à ma cliente plus de soixante mille photos pouvant correspondre au portrait-robot qu'elle avait établi. Jusqu'au jour de novembre 2007 où elle a reconnu son agresseur. À l'époque des faits, il habitait à deux kilomètres du lieu de l'agression. C'est en Ariège qu'il venait de partir refaire sa vie. Il a été retrouvé, poursuivi et en novembre

1. Fichier national automatisé des empreintes génétiques.

2. Du nom de René Canonge qui a, en 1950, créé un fichier manuel avec photos, triant les mis en cause en fonction de leur type et caractéristiques, informatisé en 1992, avant son intégration dans le STIC (Système de traitement des infractions constatées) en 2008.

2009, condamné à douze ans de réclusion criminelle, avec suivi socio-judiciaire et une injonction de soins pour cinq ans.

J'ai vu des familles s'user d'attendre la résolution d'un crime. Ce n'est pas leur peine qui se dissipe, mais les forces qui les abandonnent, comme ces clients que je défendais alors qu'ils se trouvaient à des dizaines de milliers de kilomètres, en Australie. Le corps de leur fille, étudiante de passage à Paris, Jeanette O'Keefe, vingt-huit ans, a été identifié plusieurs semaines après sa découverte le 2 janvier 2001, roulé dans un sac de couchage, sur un parking d'une cité des Mureaux, en région parisienne. Elle avait disparu la nuit du 31 décembre, laissant sa famille dans une angoisse croissante au bout du monde. Sous ses ongles, un ADN qui ne matchait pas au FNAEG.

Jeanette ne connaissait presque personne dans la capitale, juste quelques camarades de l'auberge de jeunesse où elle avait séjourné deux mois, vite mis hors de cause. Elle avait quitté ce foyer le matin du 31 décembre avec sa grosse valise puisqu'elle s'envolait le lendemain pour New York où elle devait rejoindre sa sœur. Il n'y avait pas de piste, pas de mobile, rien, sauf cet ADN. Et la détermination d'une enquêtrice de la police criminelle de Versailles, Cathy Nicol. Pendant des années, elle s'est acharnée, entrant régulièrement l'ADN inconnu au fichier. Et au bout de huit ans, il a matché !

L'assassin et violeur était Adriano Araujo da Silva, un Franco-Brésilien habitant les Mureaux à l'époque des faits, qui l'avait abordée sur les Champs-Élysées où elle était manifestement en plein désarroi, faute d'avoir retrouvé au lieu de rendez-vous convenu l'amie chez qui elle devait passer sa dernière nuit en France. Une époque sans portable. Il l'a attirée chez lui en lui proposant de l'aider, puis l'a violée et tuée sauvagement, lui portant treize coups d'une grande violence avant de l'étrangler. En janvier 2012, c'est à l'occasion du procès du criminel que j'ai enfin rencontré la famille de Jeanette, ses sœurs et son frère, mes correspondants du bout du monde qui s'étaient déplacés en sa mémoire. Dans son box, Araujo da Silva se disait innocent, après des aveux aux enquêteurs, réitérés devant le juge, suivis de dénégations. Il n'hésitait pas par ses élucubrations fantaisistes à salir la victime, c'était terrible. La cour d'assises de Versailles l'a condamné sans s'y tromper à trente ans de réclusion criminelle. La famille de Jeanette, soulagée mais clairvoyante, m'a tout de suite prévenue :

– S'il fait appel, nous reviendrons !

Ils ont dû revenir. À Nanterre, l'accusé a dénoncé des violences policières, des aveux extorqués. L'enregistrement vidéo de la garde à vue s'est alors révélé bien utile puisqu'il affirmait avoir avoué sous la contrainte. J'ai proposé aux jurés d'y voir clair :

– Monsieur affirme avoir subi des pressions ? Très bien, projetons les images de ses déclarations aux policiers !

Ce qui fut fait. J'ai scellé son sort. Les images de ses aveux spontanés ont fait perdre tout crédit à ses dénégations. Douze ans après la mort de Jeanette, et après quatre heures de délibéré, son bourreau a été, à nouveau et définitivement, condamné à trente ans de réclusion criminelle.

Il me tarde de voir arriver le procès qui retirera un autre clou dans mon cœur, l'affaire Jonathan Coulom, dans laquelle la grand-mère paternelle m'a désignée il y aura bientôt vingt ans. Ce petit garçon de dix ans a disparu de la chambre de sa colonie de vacances à Saint-Brévin-les-Pins, en Loire-Atlantique, dans la nuit du 6 au 7 avril 2004.

Après un peu plus d'un mois d'angoisse et de recherches, son petit corps a été retrouvé ligoté et lesté d'un parpaing dans un étang à Guérande. C'est en 2011 que les enquêteurs allemands interpellent un criminel en série qu'ils ont longtemps appelé « Schwartzman », « l'homme en noir » parce qu'il sévissait toujours ganté et cagoulé. Il était suspecté d'au moins trois assassinats et d'une quarantaine d'agressions sexuelles selon le même mode opératoire, dans le même type de lieu collectif, avec le même profil de victimes, des garçons blondinets d'une dizaine d'années. Dès que j'ai vu dans *Le Parisien* un article sur ce tueur, Martin Ney, j'ai été convaincue que cette piste était la bonne. Je l'ai dit à ma cliente comme à la presse. Encore a-t-il fallu attendre février 2021 pour que le juge d'instruction français en charge de ce dossier puisse l'interroger. Malgré la détermination du juge Stéphane Lorentz et sa parfaite connaissance de ce dossier dans lequel il s'investit sans compter, Martin Ney nie toujours les faits et a prévenu qu'il ne parlerait pas avant la mort de sa mère. Ce pédocriminel et tueur en série, grand blond au visage très doux, m'a servi à montrer à mes enfants que les gens extrêmement dangereux pouvaient être beaux et avoir l'air gentil, comme le tueur en série américain Ted Bundy, agréable, intelligent, entouré socialement et affectivement. Pour cerner ce type de tueur en série, dont la perversité ignore les frontières géographiques, renforcer les coopérations internationales est capital, effectuer un fichage des profils de victimes, une analyse des scènes de crimes et des modes opératoires afin de pouvoir faire des rapprochements utiles à la résolution des crimes est indispensable. Le SALVAC[1] le permet, théoriquement, en France depuis

1. Système d'analyse des liens de la violence associée aux crimes.

2003, comme le ViCAP[1] aux États-Unis. Mais trop souvent, les meurtres ne sont pas immédiatement évalués comme devant faire l'objet d'une fiche, la mentalité française répugnant encore à envisager l'hypothèse du prédateur, et il faut bien reconnaître que les enquêteurs manquent de temps, parfois d'opiniâtreté.

Non-lieu et classement sans suite : comme s'il ne s'était rien passé

Quand toutes les pistes semblent avoir été évoquées et ont échoué, que toutes les portes ont été fermées, le juge prononce une ordonnance de non-lieu, c'est-à-dire que l'instruction et l'enquête sont interrompues alors que la vérité n'est pas faite. Il serait toujours possible, en cas d'élément nouveau, de les faire reprendre, mais en réalité, les choses en restent là. Il arrive qu'un policier ou gendarme particulièrement zélé continue à creuser pour trouver cet élément, mais hélas, le zèle ne suffit pas, il faudrait aussi qu'il en trouve le temps. Or le problème est là : ce n'est pas le cas. Les dossiers s'empilent, dans les services de recherches comme chez les juges d'instruction, et les forces se concentrent sur des dossiers plus récents, ou qui ont le plus de chances d'aboutir. D'où des non-lieux parfois motivés, mais d'autres tristement hâtifs. Pour les familles, et parfois pour moi aussi en tant qu'avocat, imaginer qu'on ne cherche plus activement l'auteur d'un crime n'est pas supportable, comme dans un autre de mes cold cases, l'affaire Jean-Pierre Charbonnier.

1. Violent Criminal Apprehension Program.

Le 20 février 2010, ce retraité tranquille de soixante-quatre ans, marié et père de famille, part acheter son journal comme chaque matin. Depuis leur appartement, dans un quartier résidentiel plutôt tranquille de Sarcelles, sa femme entend un coup de feu. Elle regarde par la fenêtre, descend, accourt auprès de lui – blessé, allongé à terre – et lui demande : « Qu'est-ce qui s'est passé ? » Il murmure : « Je ne sais pas. » Ce sont ses derniers mots. Une voisine a simplement aperçu le tireur, un bonnet sur la tête, quitter la scène de crime d'un pas rapide. On a imaginé, bien sûr, qu'il pouvait s'agir d'un règlement de comptes avec une erreur sur la cible. Mais il n'y a pas eu de meurtre par la suite avec lequel faire un rapprochement, rien. Nous avons décortiqué chaque détail de la vie du défunt, de sa famille, réfléchi à toutes les hypothèses possibles. La balistique n'a rien donné. Il y a forcément une explication à cet assassinat, mais laquelle ? Quand le juge a prononcé un non-lieu en novembre, faute d'envisager d'autres investigations à faire, mes clients, son épouse et les enfants du couple, ont reçu un coup de massue sur la tête. Et moi, j'enrage ! Dans son ordonnance de non-lieu, le juge écrit « n'y avoir lieu à poursuivre l'information », mais les parties civiles entendent que « rien n'a eu lieu », comme si l'homme qu'elles aimaient n'était pas mort dans des circonstances aussi mystérieuses que dramatiques. J'ai demandé que ce dossier parte au Pôle cold cases de Nanterre, comme celui de Cécile Vallin. Je reste dans l'attente de la réponse. J'espère que ce crime ne restera pas impuni et que l'assassin de Jean-Pierre ne sévira pas à nouveau.

Le classement sans suite est un autre type de violence institutionnelle pour une victime. Décidé par le parquet après une enquête, plus ou moins approfondie, il peut signifier que les faits sont estimés non caractérisés, qu'ils ne constituent pas une infraction, ou qu'il manque des éléments pour les établir, que le préjudice est considéré insuffisant, etc. : le substitut du procureur aura, en tout cas, décidé que les poursuites seraient inopportunes. La victime a alors la désagréable impression qu'on s'assied sur sa douleur ou son préjudice, et au pire, de ne pas être crue. Bien sûr, il y a systématiquement une ouverture d'information quand un décès suspect n'est, après « recherche des causes de la mort », ni un suicide ni une mort naturelle. Quand les faits sont très graves, il ne peut y avoir de classement sans suite, parce qu'un juge d'instruction sera obligatoirement saisi et le risque est alors le non-lieu.

Mais une petite infraction pour la société peut entraîner pour la victime de très gros dégâts matériels ou psychologiques. J'ai ainsi contesté le classement sans suite d'une affaire d'abus de faiblesse, dans laquelle une dame âgée de soixante-dix-sept ans s'était fait subtiliser quelques milliers d'euros. J'avais rédigé une plainte adressée au procureur en 2018 pour des faits commis entre 2014 et 2016. Sans que j'en sois prévenue, ma cliente a reçu un courrier lui disant : « Vu la dépêche interministérielle en date du 31 mai 2021 visant à épurer les stocks de procédures non traitées dans les services de police et de gendarmerie, votre plainte est classée sans suite. » L'enquête, jusque-là secrète, peut être communiquée, après son classement, aux parties qui en font la demande, et mon premier réflexe est donc d'en solliciter la copie, afin de voir si cette décision me paraît légitime ou non. Le motif en l'occurrence ne me dit rien qui vaille, puisqu'est invoqué sans complexe le besoin de faire du ménage ! Quand j'ai reçu la copie de la procédure, je n'ai pas été déçue : j'y ai trouvé ma plainte, et… rien d'autre. Pas un seul procès-verbal ! L'enquête ne risquait pas d'aboutir !

Pas assez d'effectifs policiers, de plus en plus d'actes de délinquance, des magistrats débordés, une administration grippée, je veux bien comprendre, mais… je ne m'y résous pas.

Il est arrivé la même chose à Henri, sexagénaire également victime d'escroquerie, très banale celle-là, avec un auteur identifié, un pseudo-entrepreneur qui avait utilisé manœuvres et subterfuges pour lui faire croire qu'il allait réaliser des travaux chez lui, volatilisé avec six mille euros ! Au commissariat, mon client veut déposer plainte et donne dûment le nom de l'entrepreneur, mais on l'encourage à porter plainte contre X, c'est-à-dire contre une personne non identifiée ! Pourquoi ? Parce que dès qu'il s'agit d'une personne dénommée, il devra être diligenté une enquête, donc une charge de travail. Quand on ne refuse pas d'enregistrer une plainte, on encourage ainsi parfois à la déposer contre X, et le classement sans suite est alors quasiment systématique dans des affaires pour lesquelles le procureur estime que l'ordre public n'est pas vraiment troublé… Réponse trois ans après : « Les conséquences des faits dont vous vous êtes plaint ne sont pas suffisamment graves pour que le parquet estime utile de faire juger cette affaire sur le plan pénal. Il vous reste la possibilité de porter l'affaire devant les tribunaux civils. » On demande copie de la procédure… Et là encore, rien n'a été fait ! Tandis que la justice pénale aurait poursuivi le dirigeant, notre contradicteur devant une juridiction civile est la société, et il serait très surprenant qu'elle n'ait pas été liquidée. Fin de l'histoire. Pour le parquet et les enquêteurs du moins ! Monsieur Henri se passera, lui, de ses économies…

La prescription, un problème… de taille

Le délai de prescription de l'action publique est la période, définie par la loi, après laquelle il n'est plus possible de poursuivre l'auteur d'une infraction. Il existe aussi une prescription de la peine, période après laquelle le parquet ne peut plus mettre à exécution les termes d'une condamnation définitive. Il s'agit d'un domaine extrêmement technique où se côtoient motifs de suspension et raisons d'interruption de la prescription, et il serait fastidieux que j'en donne une explication exhaustive. La simplicité apparente de la notion se heurte à la complexité de son application. Le législateur a érigé de nombreuses dispositions dérogatoires – comme l'âge de la victime au moment des faits –, et la jurisprudence en « bricole » l'application, dans l'objectif, louable, d'éviter que des crimes et leurs auteurs restent impunis.

Historiquement, le principe de la prescription ne va pas sans raison. Elle date d'un temps où les éléments de preuve relevaient quasi exclusivement de témoignages, et une fois émoussé le souvenir chez les témoins, rendant leurs dires moins fiables, une fois les protagonistes morts ou vieillissants, à une époque où l'espérance de vie était bien plus courte, on estimait qu'il n'y avait plus aucune chance de résoudre une affaire criminelle. L'idée originelle, plutôt méritante, était d'estimer qu'il y a une vertu de l'oubli : quand on ne peut plus rien faire, mieux vaut « oublier ». Mais aujourd'hui, on ne peut plus dire « jamais ». Les progrès de la science et des techniques d'investigation ont changé la donne. Si travailler « à chaud » reste préférable, la téléphonie, le traçage par la navigation Internet ou les réseaux sociaux, et surtout l'ADN et les fichiers d'empreintes génétiques permettent d'arrêter des criminels des décennies après les faits. Tout peut parler un jour, une microgoutte de sang invisible à l'œil nu, un élément pileux autrefois silencieux… À condition que les scellés aient été bien conservés et puissent être réexaminés, raison pour laquelle la justice travaille à la construction de bâtiments spécialement dévolus. Trop de pertes aux conséquences tragiques se sont produites.

L'oubli est impossible pour les familles. La société elle-même peut-elle accepter que l'auteur d'un crime n'ait pas à répondre de ses actes ? Lorsque l'ordre public est seul à être touché, lorsque le préjudice résultant de l'infraction est seulement matériel, il est effectivement sage de préférer l'apaisement. Mais lorsque des vies sont détruites, l'identification, la sanction, la reconnaissance de la culpabilité, doivent être placées avant les contingences de l'organisation judiciaire. J'ai une position très claire sur la prescription, forgée à la lumière de mon expérience : je suis favorable à l'imprescriptibilité des crimes de sang. Elle est la règle dans de nombreux pays. La prescription n'a plus lieu d'être dans le nôtre.

Le combat durant onze ans des enfants de Françoise, cinquante-sept ans, a achevé de me convaincre de l'importance de ne pas prescrire les crimes. Le 12 décembre 1998, Jennifer, Olivier et Fabienne avaient perdu leur maman de cinquante-sept ans d'une « mauvaise chute », du moins selon Claude, son compagnon avec qui rien n'allait plus. Elle s'était heurté la tête contre l'abattant des toilettes, ce qui était passé pour un accident dont ils doutaient fort. Depuis un moment, elle se plaignait de vertiges, ce qui les inquiétait. Mais après l'« accident », on a retrouvé des anxiolytiques dans son sang. Les enfants de Françoise envisagent que Claude la droguait et l'ait tuée. Le mobile : l'assurance-vie de huit cent mille francs qu'il empochait après le décès. Mais aucun élément tangible ne permettait d'étayer leurs soupçons. Les années ont passé sans atténuer leur douleur ni dissiper leurs doutes. Claude a ensuite mené la grande vie avec sa maîtresse connue par l'intermédiaire du Minitel rose, qui l'a quitté, puis avec une autre rencontrée sur Internet, qui l'a quitté également, en 2002. Trop pour lui. Il l'a donc poignardée et laissée pour morte alors qu'elle se vidait de son sang, porte ouverte pour faire croire à une agression. Elle a heureusement été retrouvée par un voisin, et emmenée à l'hôpital dans le coma. Claude ne quittait évidemment pas son chevet, terrifié à l'idée qu'elle se réveille. Ce qui s'est produit. Par chance pour lui, elle ne se souvenait de rien. Mais des enquêteurs avisés n'en sont pas restés là, et ont placé Claude en garde à vue. Essai transformé en mise en examen pour tentative de meurtre sur sa maîtresse. Quand les enfants de Françoise l'ont appris, ils ont demandé la réouverture de l'enquête concernant la mort de leur mère. Claude a fini par passer aux aveux. À soixante-trois ans, en 2010, il a été condamné à dix-huit ans de réclusion criminelle pour avoir tué Françoise. La vérité met parfois des décennies à éclater.

Je choisis ici de rendre hommage aux enquêteurs qui ne lâchent rien dans les affaires criminelles, et à qui l'on doit la vérité après dix ans, vingt ans, trente ans ou plus… Si la vocation n'est plus le moteur universel pour tous les policiers, certains, notamment à la PJ, ont la passion de la vérité rivée aux tripes. Les gendarmes des services d'enquête font aussi preuve d'une motivation le plus souvent exemplaire, même si je regrette qu'ils changent régulièrement de poste, passant de la brigade de recherches à la brigade territoriale. Un vrai gâchis, comme j'ai pu le constater, quand est démantelée ainsi, après quelques années, une formidable équipe d'enquêteurs.

J'en profite pour pousser mon coup de gueule au sujet de la réforme de la police judiciaire, une usine à gaz qui conduit en somme à supprimer la PJ telle qu'elle existe aujourd'hui : c'est une aberration totale, une folie ! La police judiciaire est une vraie spécialité, un métier à plein temps, une passion pointue, pas une activité qu'on peut caser entre deux tâches administratives. Les obligations procédurales de plus en plus lourdes ont déjà étouffé chez certains le feu sacré, ce n'est pas la peine d'en rajouter en détruisant la police judiciaire, un service qui survit alors que la police de sécurité publique est en coma dépassé ! Au moment où il est plus important que jamais d'avoir une police qui puisse investiguer et intervenir sur l'ensemble du territoire, cette réforme va sectoriser les effectifs, en les cloisonnant par département, et s'inscrit totalement à contre-courant de l'évolution de la société, de la délinquance et de la criminalité. Une hérésie.

L'irresponsabilité pénale, le grand malentendu

Peut-on juger les « fous » ? Sur ce point également, j'ai vu, durant mon exercice, la loi changer. Autrefois, l'article 64 du Code pénal énonçait que si l'auteur était « en état de démence » au moment de la commission des faits, il était irresponsable pénalement et ne pouvait pas être condamné. Dément ou pas, c'était binaire. L'article 122.1 du Code pénal distingue aujourd'hui l'altération, partielle, et l'abolition, totale, du discernement. L'altération entraîne une atténuation de la responsabilité pénale, qui doit être prise en considération au moment d'infliger la peine, notamment dans son quantum. L'auteur est bel et bien jugé, il est responsable de ses actes, mais s'il est établi par les experts psychiatres qu'il les a commis avec un manque de lucidité plus ou moins important, il devra bénéficier d'une forme de « clémence » de ses juges. La notion de « circonstances atténuantes » et ses conséquences, initialement prévues par les textes, ont disparu du Code pénal en 1992. Jusqu'à cette date, on demandait à la cour et au jury de répondre à deux questions : l'accusé est-il coupable ? et a-t-il des circonstances atténuantes ? S'il n'en avait pas, la peine maximale était obligatoirement prononcée et ne pouvait plus être discutée. S'il en avait, elle pouvait être minorée. Aujourd'hui, l'altération du discernement constatée par les experts n'oblige pas les juges à en tirer des conséquences sur la sanction infligée. Il m'est même arrivé d'avoir la très forte impression que la « demi-folie » de l'accusé, effrayant les jurés, les conduisait à prononcer une peine d'exclusion de la société plus lourde, alors que ce n'est, en aucun cas, l'esprit du texte.

L'article 122-1 alinéa 1 du Code pénal prévoit l'abolition du discernement, qui signifie alors l'irresponsabilité pénale de l'auteur, dont on estime qu'il n'a, en aucune façon, pu avoir la notion de l'infraction au moment de sa commission, qu'il ne pouvait en aucune manière contrôler ses actes. Il a perdu toute lucidité au moment des faits *de façon indépendante de sa volonté*. Il n'y a alors pas de procès mais un enfermement psychiatrique, ce qui scandalise les familles : elles y voient un cadeau fait à l'auteur. Ce qui est une erreur : d'abord, l'enfermement psychiatrique n'est pas beaucoup plus enviable que la détention. Ensuite, pour le criminel, mieux vaut avoir une peine avec une date de fin d'exécution, qui donne un horizon, qu'être à la merci de médecins qui peuvent ne jamais le laisser sortir, ce qui dépendra des effets des traitements et de l'évolution de son état psychiatrique.

Contrairement à une idée reçue, l'auteur d'une infraction

ne pourra pas voir sa responsabilité pénale écartée lorsque, sciemment et de son plein gré, il a consommé des substances qui précisément altèrent ou abolissent le discernement. Bien au contraire : il s'agit alors le plus souvent d'une circonstance aggravante, quand bien même il n'aurait plus toute sa tête. Ce serait un peu trop facile de pouvoir avaler un litre de whisky avant d'aller zigouiller sa belle-mère ! La question reste entière lorsque l'auteur a délibérément porté atteinte à son équilibre psychiatrique par des moyens plus indirects. Quand par exemple un individu, atteint d'une maladie psychiatrique, stabilisé et donc lucide, décide volontairement de suspendre son traitement, alors qu'il en connaît les conséquences. Je serais alors favorable à ce qu'il doive en assumer pénalement les conséquences.

De la même manière, si l'irresponsabilité de l'auteur du meurtre de Sarah Halimi, tuée par défenestration, a fait grand bruit, c'est parce que les experts ont fait un raisonnement qui, selon moi, se discute et me semble injuste. Ils ont constaté que ce n'est pas la prise de substances immédiatement avant les faits qui a entraîné la bouffée délirante de l'auteur, mais leur consommation si régulière et ancienne que son cerveau a été durablement et constamment abîmé, sur un plan tout à fait fonctionnel. Ce qui devient alors une maladie psychiatrique. Mais l'alcool, fléau plus actuel que jamais, le cannabis, ultra chargé en tétrahydrocannabinol, qui n'est plus la « drogue douce » de l'époque Woodstock, plus encore la cocaïne et les drogues de synthèse dont la consommation explose, me font craindre, au train où vont les choses, que les justiciables irresponsables se multiplient. Car des cerveaux endommagés, j'en vois plein les tribunaux ! Il faut savoir statuer en tenant compte des évolutions regrettables de la société.

Pour autant, il n'est pas moralement possible de condamner ceux qui souffrent d'une maladie psychiatrique. J'ai été désignée pour défendre l'auteur du meurtre de l'abbé Roger Matassoli, qui a généré une profonde émotion par son horreur. L'homme d'Église d'un âge vénérable avait été trouvé à son domicile, un crucifix dans la gorge et les yeux enfoncés dans leurs orbites. Si la scène de crime était particulièrement effroyable, et la cible choquante, l'enquête révélerait pire encore. La maman de l'auteur de ces terribles faits, une petite blonde très dynamique, souhaitait que j'assiste son fils, jeune majeur dont l'histoire ne pouvait que me bouleverser. Alexandre avait été interpellé par les gendarmes alors qu'il était au volant de la voiture du prêtre quelques heures après le crime, placé en garde à vue pour rébellion car il tenait des propos incohérents. Son père, prévenu par les militaires de la gendarmerie, avait aussitôt foncé chez le prêtre et découvert, épouvanté, la scène de crime. Dès la visite du médecin, Alexandre avait été hospitalisé sous contrainte et privé de liberté, clairement atteint de problèmes psychiatriques, ce que me confirmait sa maman. Elle me racontait qu'après une enfance où il avait pu sembler un peu étrange, il avait décroché son bac et était parti du domicile familial pour intégrer l'université. Ses troubles avaient alors pris de l'ampleur, au point de lui valoir une hospitalisation. Le père d'Alexandre souffrait de schizophrénie, les médecins avaient diagnostiqué à son fils la même maladie. Mais très vite, le drame, loin de générer une compassion sans nuances pour la victime, a eu pour effet de délier les langues… On découvrait ainsi que le prêtre avait, de 1962 à 2019, agressé sexuellement dans une totale impunité plusieurs enfants et jeunes hommes. Deux femmes sont notamment venues expliquer aux gendarmes que leur frère s'était suicidé suite aux agissements pervers de l'abbé. Et parmi les victimes, on comptait le propre père d'Alexandre et ses oncles. Les faits avaient été dénoncés à l'intérieur de la famille. Le grand-père paternel d'Alexandre, honteux et culpabilisé d'avoir laissé ses fils à la merci d'un pédophile, s'était donné la mort… Mais le père de mon client, fragile et sous emprise, rendait toujours visite au prêtre à son domicile, et y avait envoyé son fils pour y faire le ménage et des menus travaux. À cette occasion, Alexandre avait subi la concupiscence de l'abbé, physiquement diminué mais toujours en proie à ses démons.

Lorsque j'ai rencontré Alexandre pour la première fois, c'était quelques jours après les faits, à l'hôpital psychiatrique. Le souvenir que j'en ai est l'image d'un piaf tombé du nid, gamin ébouriffé qui ne comprenait rien à ce qui lui arrivait, effrayé, terrorisé, impressionnant, oui, mais par sa fragilité. Les gendarmes l'ont ensuite interrogé en ma présence, au sein de l'établissement de soins où il était hospitalisé d'office à la demande du préfet.

Mais le juge, alors qu'il n'y avait aucune urgence, a décidé de le mettre en examen précisément le 26 décembre ! Pas de chance, j'étais en famille dans la région Rhône-Alpes, et une période de grèves a rendu mon retour impossible. Le juge, d'une inhumanité exemplaire, et malgré mes supplications, n'a jamais voulu modifier cette date. J'ai dû me faire remplacer par une consœur, à mon grand dam. Mis en examen, Alexandre a été envoyé en prison contre toute raison. Son état était manifestement incompatible avec la détention. Sa détresse me faisait craindre le pire… Pour le faire transférer en hôpital psychiatrique pénitentiaire, j'ai passé cent cinquante coups de fil, en cette période de l'année où rien ne fonctionne correctement, trêve des confiseurs aux conséquences qui me ravageaient. J'étais furieuse, révoltée, avec un sentiment d'urgence absolue car mes tripes souffraient d'imaginer Alexandre qui entendait encore des voix et était en état permanent de peur panique, plongé dans un système carcéral inadapté. J'ai réussi à alerter les surveillants qui l'ont placé à l'isolement pour le protéger, puis enfin dans une unité médicale adaptée. Les troubles psychiatriques d'Alexandre ont été largement confirmés par les experts et l'action publique s'est éteinte, signant la fin du processus judiciaire. Je ne vois pas quelle autre option aurait été possible.

Experts dupés, une possibilité

Je suis en présence des experts à l'audience, je les rencontre parfois lors de colloques ou de journées de travail communes, et j'apprécie beaucoup de pouvoir échanger avec eux. Le reste du temps, nous communiquons par rapports et demandes de compléments ou de contre-expertises interposés. Parfois, leurs conclusions me restent en travers de la gorge parce que j'estime qu'ils se sont égarés, ou fait enfumer. Comme dans toute profession, il y a des bons et des mauvais, mais leur mission relève de la science encore plus inexacte que la médecine physique et je ne doute pas qu'ils exercent leur profession aussi consciencieusement que possible… sauf exception. L'un m'a marquée, parce qu'il se contentait de reprendre les faits dans son rapport, entendait très rapidement le mis en cause, et n'en tirait que des banalités. Pour exemple, il avait conclu au sujet de l'auteur de cinq viols sur des enfants que l'auteur avait des tendances pédophiles. Merci de cet éclairage brillant.

J'ai vécu très douloureusement l'affaire d'Annie, dont la fille de vingt ans était belle, intelligente, brillante et avait pour petit ami Abdel, qu'elle avait connu jeune et qui souffrait de troubles psychiatriques. Lorsqu'elle s'est rendu compte que ce garçon n'était pas pour elle, lassée de sa violence, elle avait décidé de le quitter. Elle se faisait une joie de partir avec sa maman quelques jours au Brésil, où elle était née... Mais elle a été retrouvée chez elle égorgée. Son corps avait été soigneusement lavé et couché dans son lit, l'appartement impeccablement rangé, quelques bricoles dérobées dont des petits bijoux reconnaissables et son téléphone portable. Ce butin avait été emporté dans un sac de sport que l'on a retrouvé, contenant aussi le gant de toilette et la serviette qui avaient servi à nettoyer la scène de crime, pas n'importe où. Il avait été « ingénieusement » déposé devant un camp de SDF afin de les faire accuser. Ce qui s'appelle une certaine organisation. Arrêté, Abdel a été mis en examen.

Le premier expert psychiatre a conclu que le passé psychiatrique du personnage plaidait en faveur d'une irresponsabilité pénale, son discernement ayant été nécessairement aboli au moment de la commission des faits. En doutant fort, j'ai immédiatement sollicité une contre-expertise et un collège de deux experts a été nommé. Ils concluaient leur rapport en affirmant que son discernement n'était pas aboli au moment des faits, puisqu'il ne présentait, à cette période, aucun symptôme d'une crise pouvant entraver le contrôle de ses actes.

Le juge d'instruction l'a alors reconvoqué pour l'interroger, mais il a cessé l'audition dès que le mis en examen lui a lâché au détour d'une phrase que dans la famille de ma cliente, certains avaient fait l'ENA. Dans l'esprit du juge, c'était évident, Abdel délirait ! Il a pris l'initiative d'ordonner une énième expertise psychiatrique, qui a conclu que les faits étaient survenus lors d'une bouffée délirante, entraînant un déferlement de violence, le tout dans un contexte psychiatrique qui aboutissait à l'abolition du discernement. Sauf que… un frère de ma cliente était bien énarque, n'en déplaise au juge. Mais surtout, la scène de crime et le mode opératoire contredisaient formellement, d'après moi, le diagnostic des derniers experts ! Certes, Abdel a connu, à plusieurs reprises, des problèmes psychiatriques, avec des hospitalisations de plusieurs semaines, voire plusieurs mois. Mais jamais ses crises ne lui auraient permis de reprendre aussi rapidement le contrôle de lui-même et d'organiser un tel scénario. En proie au délire, on ne maquille pas son crime. Je me suis battue désespérément contre l'ordonnance de non-lieu, qui a été confirmée en appel. C'est l'un des regrets de ma vie parce qu'il s'agit d'une véritable injustice. On peut être schizophrène et être responsable, ne pas l'être et être irresponsable, le cerveau de l'être humain est chose complexe.

J'ai éprouvé la même douleur dans un dossier où j'étais partie civile aux côtés d'un médecin dont l'épouse avait égorgé leurs trois enfants âgés de cinq à quatorze ans. Cette femme, qui rêvait de devenir une star de la chanson, était de plus en plus ingérable au fil du temps, alcoolique et violente, lui rendant la vie si infernale qu'il en était réduit à dormir à son cabinet. Elle aussi a été déclarée irresponsable, envers et contre tous les éléments que je produisais, et mes démonstrations implacables. Là encore, l'étude objective du déroulement des faits et de ses suites établissait qu'elle s'était jouée des experts. Une ordonnance de non-lieu a été rendue, mais j'étais bien décidée à me battre jusqu'au bout, en faisant appel. Devant la chambre de l'instruction, je me suis fait accompagner d'un très brillant psychiatre, ancien expert auprès de la cour d'appel, qui avait travaillé avec moi sur ce dossier à titre amical. Il m'a accompagnée à l'audience et m'a soufflé quelques questions pertinentes à poser à l'expert lorsqu'il était à la barre en train de soutenir que le discernement de la mère était aboli lors de ses passages à l'acte. L'expert a réagi comme il le pouvait à mes interrogations, avec arrogance et mépris, me toisant en répondant, docte : « Maître, la psychiatrie est une science, on ne l'apprend pas en lisant *Femme actuelle*. »

Les magistrats ont confirmé le non-lieu. La mère meurtrière a été hospitalisée, et elle s'est suicidée. Un gâchis qui m'a laissé un sentiment d'injustice totale. Je ne suis effectivement pas psychiatre, mais je ne crois pas exclu que les experts puissent se laisser parfois manipuler, alors que les symptômes spectaculaires de la schizophrénie, « J'entends des voix et je vois des licornes », sont désormais connus. Je me souviens d'un expert très âgé, ébloui par les discours peuplés de djinns et d'elfes d'un accusé qui, suite à la visite de sa sœur en détention, avait écrit opportunément au juge d'instruction avoir des révélations à faire sur ce qui l'avait conduit à tuer un père de famille. Comme il y voyait l'évidence d'un délire patent, je me suis permis de lui demander :

– Vous connaissez les jeux vidéo ? Parce que c'est plein d'histoires magiques !

Au moins, cet accusé-là a-t-il bien été déclaré coupable, et sévèrement condamné.

Lorsque leurs meurtriers ou leurs assassins n'ont pas été punis par la justice, les victimes continuent de me hanter comme si elles n'avaient pas trouvé la paix. Il me faut apprendre à vivre avec mon amertume.

CHAPITRE DIX

Nos amis les hommes

En 2021, 96 % des auteurs de violences sexuelles étaient des hommes, d'après les chiffres officiels du ministère de l'Intérieur. Au 1er janvier 2021, les femmes représentaient, en France, 3,3 % de la population pénale écrouée, d'après l'Observatoire international des prisons. Et une très grande majorité de femmes détenues le sont à cause des hommes, souvent parce qu'elles ont suivi, ou couvert « leur homme », d'après… mon expérience professionnelle ! Il y a de quoi s'interroger. Je dois avouer qu'à mes débuts plusieurs affaires de viol ont entraîné chez moi un certain moment de flottement à l'égard du « sexe fort ». Mon exercice m'a astreinte à un genre particulier de formation continue puisque je croise sur des dossiers les pires spécimens du genre masculin, et pas seulement en matière de conjugalité. J'ai tellement entendu des femmes tomber de l'armoire en découvrant qui était leur mari que ma confiance dans les hommes s'est profondément émoussée… pour ne pas dire qu'elle est très limitée ! Pour autant, je m'inquiète des dérives de la « guerre des sexes » qui arrive parfois jusque dans les tribunaux, à cause d'une volonté d'égalitarisme que j'estime contre nature. Différents, nous le sommes et le resterons, pour le meilleur (aussi) et pour le pire (néanmoins), ce qui ne veut pas dire que les uns doivent devenir les prédateurs des autres.

Violences conjugales, violences masculines

Il est de bon ton de dire aujourd'hui que les hommes et les femmes, « c'est pareil », mais, à mon avis, ça n'est pas le cas. Nier la différence naturelle des sexes, c'est s'aveugler, en espérant vivre dans un monde de bisounours que je crains de ne jamais connaître. Les différences entre les taux de délinquance et de criminalité masculine et féminine, celles entre les chiffres de victimes femmes et hommes, sont trop énormes pour que l'on puisse se contenter d'un « c'est culturel ». Ce n'est pas la culture habillant en bleu ciel les petits garçons qui les rend plus agressifs que les femmes, mais la testostérone qui leur coule dans les veines quand justement la culture et l'éducation – indispensables ! – ne sont pas suffisamment intervenues pour atténuer leurs bas instincts primaires. S'il n'y a personne pour inculquer les valeurs de la civilisation de bonne heure aux garçons, on risque bien de retrouver d'un côté des auteurs, de l'autre des victimes, qui ne le deviennent pas parce qu'on les aurait habillées en rose dragée ! Les femmes sont encouragées par leur nature à parler et négocier plutôt que cogner. L'éducation accentue la donne naturelle quand les parents poussent leurs fils à être forts et durs, alors qu'ils demandent à leurs filles d'être « gentilles », pour ne pas dire poires. Dès l'adolescence, lorsque les hormones se déchaînent, on voit les garçons perturbés diriger leur violence contre autrui en se battant, les filles perturbées la retourner contre elles-mêmes en s'automutilant.

La vie de couple peut contribuer à la pérennisation de cette image : Madame « fait des crises », assurent certains auteurs. Je veux bien le croire : elle hurle, en général, parce qu'elle se débat pour survivre ! Mais comment en est-elle arrivée là ? Si elle a encore un peu d'estime de soi, elle fuit avant qu'il ne soit trop tard. Si le conjoint a sapé ses bases ou si elle n'en avait aucune, elle peut rester humiliée des années, battue, et « pardonner » avec son grand cœur. Certaines donnent l'alerte mais sans toujours s'appliquer à partir vraiment, d'autres portent plainte puis la retirent ou se dédient, parce que ce n'est pas « gentil ». Quand le mari ou compagnon est clairement nocif, on sait comment cela peut se terminer : par la mort.

À force de dossiers dramatiques, il m'arrive d'imaginer le pire, comme avec Mme Youyou. Au cabinet, nous l'appelions ainsi parce qu'elle avait lancé une procédure de divorce que son mari s'appliquait à paralyser, et elle était très bruyante : « Youyouuuu ! J'en peux plus, Maître ! Il veut toujours pas partir ! » C'était une famille maghrébine de Deuil-la-Barre, elle avait vingt ans de moins que lui, et ils avaient ensemble quatre enfants. Lui se montrait goujat, agressif, je craignais qu'il ne le soit aussi physiquement, même si elle ne m'en avait jamais parlé… « Youyouuuu, mais quand ça va s'arrêter ? » Je tentais de l'accompagner pour qu'elle tienne bon. Un soir, je vais dîner avec des magistrats de Pontoise, ce qui ne se fait plus guère, et l'un dit à l'autre en lui tendant un mobile :

– Tiens, voilà le téléphone de la permanence. Tu vas avoir le quadruple homicide.

Je tends l'oreille :

– C'est quoi, cette histoire ?

– Oh, un type qui a tué sa femme et trois de ses quatre

gosses, à Deuil-la-Barre, une famille maghrébine. Elle était vachement plus jeune que lui, voulait divorcer et lui ne voulait pas…

La terre s'est ouverte sous mes pieds.

– Comment elle s'appelle ?

Ils l'ignoraient, mais il n'y avait pas de doute, c'était Mme Youyou. J'en ai pleuré, je n'ai pas dormi de la nuit. Je ressassais : « J'aurais dû la protéger ! Mais elle n'avait pas fait état de violence. Quel cauchemar… » Le lendemain, j'arrive défaite au cabinet, je saute sur mon téléphone pour joindre la permanence, entendre un nom, en avoir le cœur net.

Pendant que la petite musique d'attente résonne dans le téléphone, une autre tourne en boucle dans ma tête : je ne verrai plus jamais Mme Youyou, je ne l'entendrai plus, la tête dans les mains, crier « Youyouuuu ! ». Je l'aimais bien, même si elle passait un peu trop souvent au cabinet sans prévenir pour savoir si la procédure avançait.

Le parquet n'a pas encore répondu qu'on sonne à ma porte, et qui entends-je ? Mme Youyou !

– Youyouuuu, vous ne pouvez pas savoir, y en a un, dans ma cité, il a tué sa femme et ses enfants, il faut que je divorce, moi…

C'est simple, je l'ai attrapée dans mes bras, soulagée et folle de bonheur, criant plus fort qu'elle :

– Je suis tellement contente de vous voir !

Mme Youyou a fini par divorcer. C'est une histoire qui finit bien, dont je peux sourire. Sauf lorsque je pense à la voisine de Mme Youyou et à ses enfants, évidemment…

Les crimes conjugaux ne sont jamais « passionnels », un terme qui heureusement tend à disparaître, signe que l'analyse du phénomène a pénétré les consciences. La passion est un lien réciproque, mais l'issue criminelle laisse très majoritairement pour victime la femme. Ces crimes sont des crimes d'appropriation, rien d'autre, l'homme déniant à la femme tout droit à exister sans lui, sur fond de jalousie ou de séparation imminente très souvent. Les hommes tuent pour « garder » une femme quand elle veut partir, les femmes, elles, cherchent à se libérer d'une histoire toxique… sans tuer sauf exceptionnellement. Le cocktail explosif, c'est jalousie plus alcool. Peu de crimes sont commis à jeun, on n'insiste pas assez sur ce point. Pourtant, l'alcool garde l'image d'une substance légale, conviviale et culturelle, voire virile une fois encore, alors que c'est une arme de destruction massive. Quant à la drogue, rarement réputée rendre violent, j'en vois la preuve contraire tous les jours ! Tous les milieux socioculturels peuvent être concernés par l'association dangereuse jalousie plus alcool ou/et stupéfiants. Le métabolisme humain ignore les diplômes et les classes sociales ! En revanche, des études ont mis en évidence que l'inactivité et le niveau éducatif faible concernaient la très large majorité des auteurs de féminicides : 71,8 % sont sans activité professionnelle, 40,9 % sans emploi et 30,9 % à la retraite, les cadres et professions intellectuelles ne représentant que 3 % d'entre eux[1].

C'est l'un d'entre eux que ma cliente, Nathalie, a eu le malheur de rencontrer. Arnaud Faucquembergue, la quarantaine, était directeur commercial avec une bonne situation. Mère de Camille, vingt ans, et de jumeaux, Emma et Alexandre, quinze ans, nés d'une première union, Nathalie refait sa vie avec lui dans une magnifique maison en région

1. Chiffres du ministère de l'Intérieur, 2019.

parisienne. Lui enrage de ne pas être père, et une grossesse, projet d'un enfant commun, s'est soldée par une très grande prématurité fatale. Petit à petit, elle découvre que cet homme qui présente très bien, très sûr de lui, est possessif, jaloux, colérique. Il la rabaisse, surtout lorsqu'il a bu, ce qui lui arrive trop souvent. Nathalie finit par lui annoncer que leur histoire est terminée et le week-end du 11 novembre 2014, ils partent chacun de leur côté passer quelques jours chez des amis. Premier rentré au domicile, le conjoint demande aux jumeaux restés à la maison où se trouve leur mère. Ils lui répondent qu'ils n'en savent rien. Tout d'abord très calme, il finit par déchaîner sa rage et sa frustration contre ce que Nathalie a de plus précieux : ses enfants. Il se jette d'abord sur Emma, armé d'un couteau, mais son jumeau s'interpose et crie à sa sœur de fuir. La violence du beau-père explose alors, il poursuit Alexandre dans toute la maison, et lui assène plus de quarante coups de couteau. Alexandre, roulé en boule, dira avoir senti la lame crisser sur son crâne… Les mains en sang et transpercé de partout, il parvient dans un dernier sursaut à repousser son agresseur et à s'enfuir dans le jardin. C'est là, à l'agonie, qu'il entend plusieurs coups de feu dans la maison… À l'intérieur, alors qu'Emma s'était réfugiée dans sa chambre, l'homme, bien décidé à achever son entreprise de destruction, s'est emparé de son fusil, l'a chargé de cartouches Brenneke, des munitions calibre 12 mm, parmi les plus puissantes, destinées à chasser le sanglier. Il a défoncé la porte de la chambre de l'adolescente en tirant dedans. Quand la porte a cédé, il a visé le genou d'Emma, terrorisée, clouée au sol comme un papillon, puis il est parti recharger son arme. Dans ce laps de temps, Emma appelle Nathalie :

– Arnaud m'a fait mal au dos, maman, je vais mourir…

Quand l'homme revient, il lui tire une balle dans la poitrine à bout portant, et l'achève d'une autre dans la tête à bout touchant. Les mains brûlées d'Emma témoignent du fait qu'elle l'a supplié, retenant l'arme avec l'énergie du désespoir. Lorsque la maman appelle, paniquée, son compagnon lui répond d'un ton glacial : « Trop tard, Nathalie, ta fille est morte. »

Alexandre va survivre, par miracle, grâce à l'intervention des voisins qui ont entendu ses râles derrière la clôture… J'étais partie civile pour lui, sa mère, sa sœur aînée Camille et leur père. J'allais parler d'eux, mais aussi d'Emma, une jeune fille réellement merveilleuse de bonté, de spontanéité. On dit toujours du bien des victimes de drames, mais j'ai rarement lu autant de témoignages parlants, illustrant un caractère exceptionnel, Emma était lumineuse, un rayon de soleil.

Ce procès a été pour moi atroce parce que je sentais combien l'auteur de ces faits ignobles attirait la sympathie et la curiosité plutôt bienveillante de la présidente, qui avait d'emblée pris en grippe ma cliente, une très belle femme brune, qui, j'ignore encore pourquoi, l'agaçait visiblement. Nathalie pouvait paraître distanciée, elle était juste digne. Elle ne craquait pas, se l'interdisait pour rester forte, pilier de ses enfants survivants. Je me suis vraiment attachée à cette famille, à Alexandre, jumeau déchiré et grièvement blessé, et à Camille, grande sœur dévastée. J'ai toujours de leurs nouvelles et suis heureuse de pouvoir les décrire aujourd'hui comme des modèles de résilience, eux que j'ai connus ravagés d'une souffrance indicible. Arnaud Faucquembergue a été condamné à vingt-cinq ans de prison. Il m'arrive de regretter le non-cumul des peines, comme aux États-Unis, parce qu'un seul de ses crimes les aurait mérités...

À côté de ces tragédies, beaucoup de femmes endurent le harcèlement et les insultes au moment des séparations, et même au-delà, avec une minimisation des faits classique quand l'auteur les reconnaît après une plainte. « On ne va pas en faire une histoire ! », clamait récemment un homme que je défendais, poursuivi pour avoir envoyé des dizaines de SMS d'insanités quotidiens à son ex, l'appelant jour et nuit et lui rendant la vie impossible. Quand bien même c'était mon client, j'ai élevé le ton, comme on le ferait avec un sale gosse, en lui demandant de se mettre à la place de cette femme... Et puisqu'il n'y arrivait pas, d'imaginer quelle serait sa réaction si c'était sa propre fille qui subissait ce harcèlement permanent. Il était inconcevable qu'il comparaisse devant le tribunal sans avoir compris et évolué. Parfois, les choses méritent d'être dites.

L'emprise, masculine surtout

L'emprise qui précède les tragédies est très majoritairement le fait des hommes. Dès les prémices d'une histoire d'amour, quand on me raconte le drame par le début, je découvre souvent un homme qui voulait une femme parfaite et une femme qui acceptait un homme avec ses torts, ses faiblesses, quand ce n'était pas son passé de délinquant ou de criminel. Personne n'enseigne aux filles qu'elles peuvent, certes, soutenir et apaiser – j'en suis un exemple sur le plan professionnel – mais pas jusqu'au sacrifice, pas sans poser de limites pour garantir l'intégrité de leur corps, l'intégrité de leur psychisme, leur joie de vivre. L'emprise est le travail quotidien de l'un, qui consiste, après des débuts enchanteurs, à convaincre l'autre qu'il n'est rien sans lui, qu'il lui doit tout, qu'il a de la chance d'être avec lui, qu'il ne fait rien de bien. Certains auteurs ont grandi en mâles dominants ayant tous les droits, d'autres ont été maltraités, de quoi leur donner des envies de revanche. D'agressés, ils deviennent agresseurs pour ne plus être celui qui a le dessous. Il leur faut une victime pour régner ou se venger de leur existence. En général, ils la trouvent parce qu'elle « clignote ». Beaucoup de femmes vivent encore en rêvant à l'homme idéal, déguisement préféré du pervers narcissique en période d'approche. D'autres cherchent un homme tout court, n'importe lequel, parce qu'elles dérivent seules dans une vie sans attaches. Il faut le répéter à nos filles : « Méfiez-vous du prince charmant ! Il n'existe pas. » Les auteurs surfent sur ce mythe d'autant plus tenace que la femme est jeune, peu au parfum des réalités du terrain amoureux. Ils sont souvent construits sur une faille narcissique, et attirent dans leurs filets des femmes « sauveuses », fortes et généreuses, qu'ils s'emploieront ensuite à vider de leur substantifique moelle, pompant leur énergie comme un trou noir aspire la lumière.

J'ai gardé le sentiment d'un atroce gâchis de la mort de Taïna, jeune fille de vingt ans dont la mère consolait la mère de son meurtrier à l'issue du procès, consciente de ce qui s'était joué. Taïna était libre, solaire, lui ruminait des idées noires. Alors qu'elle vivait les habituelles tensions à cet âge avec ses parents, elle a rencontré ce jaloux maladif qui s'est engouffré dans son existence. Et un jour, il l'a étranglée, frappée, jetée vivante dans le coffre de sa voiture pour ensuite l'abandonner sur un terrain vague dont je n'oublierai jamais le sordide.

Certains cumulent le goût de l'emprise, de la destruction et de l'escroquerie, en prospérant sur la confiance. C'était le cas de l'homme qui a utilisé ma cliente Julie Derouette. Jeune maman de deux enfants en bas âge, elle a cru rencontrer son prince charmant, Jamel Leulmi. Dès qu'il l'a aperçue dans le parc de jeux pour enfants qu'il dirigeait, cet homme, diplômé, assez fier de sa personne, a flairé sa proie et fondu sur elle, la convainquant de le revoir en alliant l'humour à la flatterie. Très vite, les belles déclarations ont commencé, assorties de cadeaux. Il menait grand train, semblait profondément romantique bien que souvent absent… car déjà en couple, ce qu'elle ignorait bien sûr. Un mois plus tard, il lui a promis de l'épouser, l'a entraînée à Marrakech sous prétexte de lui présenter ses grands-parents en vue du mariage, lui offrant au passage une bague. Sauf que quelques heures après son arrivée, elle a eu un très grave accident de la route, de nuit, suivie par une voiture après avoir perdu de vue celle de Jamel, qui lui avait demandé de le suivre. Précipitée dans le décor, elle a été tabassée par deux personnes, avant d'être laissée pour morte par une nuit glaciale. Elle a survécu par chance, non sans faire des mois d'hôpital avec un corset, moelle touchée, cervicales brisées. Durant sa convalescence, son prétendant s'est volatilisé. Les parents de Julie avaient des doutes, bien qu'ils ne sachent pas tout, mais la jeune femme ne pouvait pas, ne voulait pas croire qu'il ne s'agissait pas d'un accident. C'est le cambriolage sans effraction de son domicile qui l'a enfin fait réagir, avec le vol du double des contrats d'assurance-décès qu'elle avait souscrits au bénéfice de son prince, pour huit millions d'euros. Convaincue qu'il fallait porter plainte, elle a été accueillie à la gendarmerie où le nom de Leulmi n'était pas inconnu. En février 2007, ce « pauvre homme » avait perdu sa femme, renversée à vélo par un chauffard alors qu'il était avec elle sur une nationale, de nuit. Et... elle avait souscrit à son bénéfice une assurance-décès pour un million deux cent mille euros ! C'est ainsi que Julie a permis que soit ressorti le dossier d'un meurtre resté impuni, qui était passé pour un accident, classé sans suite faute d'auteur identifiable. La mère de la victime n'y avait jamais cru. Une instruction a été ouverte, les enquêteurs ont découvert d'autres faits édifiants, mais Jamel Leulmi n'a jamais cessé de clamer son innocence. En février 2016, le prince charmant a été condamné en appel à trente ans de réclusion criminelle. Restait à Julie à se reconstruire, non seulement physiquement mais psychiquement. Tous ses rêves s'étaient envolés, pour longtemps.

L'incapacité des victimes à regarder la réalité en face ne laissera jamais de me surprendre, quoiqu'elle soit compréhensible. Elles peuvent évoluer de la stupéfaction incrédule à la culpabilité, se demandant ce qu'elles ont fait de travers. Leur intégrité physique a été souillée, leur santé se dégrade, mais comment revisiter une histoire d'amour, les fondations d'une grande partie de leur vie, avec souvent des enfants, des milliers de souvenirs, et accepter qu'on ait pu se tromper aussi lourdement ? C'est presque mission impossible. L'emprise, c'est aussi cela, un venin qui dure au-delà des faits.

Les femmes auteurs

La délinquance des femmes est très différente de celle des hommes. Celles que j'ai défendues étaient presque toutes poursuivies pour avoir détourné les fonds des sociétés dans lesquelles elles travaillaient. Elles s'illustrent plutôt dans ce qu'on appelle la « délinquance astucieuse ». Elles peuvent être mises en cause dans des affaires de non-représentation d'enfant lorsque, évoquant diverses raisons, elles refusent que le père de leur progéniture exerce ses droits de visite et d'hébergement. On les retrouve aussi en qualité de complices de leurs compagnons dans diverses affaires, le trafic de stupéfiants par exemple, à moins qu'elles ne servent d'appâts pour dépouiller ou faire chanter une victime. Quand leur chéri est incarcéré, on peut les voir devant le tribunal correctionnel pour avoir tenté de lui transmettre des marchandises interdites en détention, telles que téléphones portables, puces ou cannabis. Enfin, aux audiences de délits routiers, si on juge dans une immense majorité des hommes, on trouve aussi quelques femmes, qui peuvent avoir conduit en état d'ivresse ou avoir malheureusement commis un accident mortel de la circulation, même si l'expression « femme au volant, mort au tournant » est aux antipodes des réalités statistiques, les femmes étant plus spécialistes des « accrochages » quand les hommes sont plus souvent à l'origine des accidents graves. On voit émerger depuis peu une délinquance de « bandes » de jeunes filles, issues de cités, qui s'emploient à concurrencer les garçons dans des affaires de racket, de proxénétisme, de violences, mais cela reste très minoritaire. On trouve parfois une femme au milieu d'hommes dans des faits d'enlèvement, séquestration, maltraitance ou esclavage moderne, jusqu'aux assises si c'est particulièrement grave. Mais dans les crimes de sang, elles sont rarement auteurs. Les femmes criminelles sont le plus souvent à l'origine d'homicides dits « altruistes », pour mettre fin aux souffrances, vraies ou supposées, de leurs enfants, de leurs parents. C'est aussi dans cette catégorie que l'on peut ranger les « anges de la mort », que l'on retrouve dans les professions de soin. Celles qui tuent, au hasard de leurs rencontres, des victimes avec qui elles n'ont aucun lien sont rarissimes, et même Monique Fourniret apporte son concours à son « fauve ».

En « amour », si l'on peut dire, quand une femme nuit à un homme, c'est plutôt pour s'en débarrasser que pour le posséder, et le meurtre lui apparaît très rarement comme une solution. Les femmes violentes existent, mais il s'agit le plus souvent d'une violence psychologique de l'ordre du harcèlement. Les plus nocives peuvent tuer leur conjoint socialement, effectuant un travail de sape, le poussant parfois hors du domicile, l'exposant à la dégringolade. Dans les rares cas où les femmes tuent leur conjoint, c'est le plus souvent pour se défendre d'une énième violence après plusieurs années d'enfer conjugal. L'affaire Jacqueline Sauvage en est apparue à tort comme le symbole, ses avocates invoquant la « légitime défense a posteriori ou anticipée » pour se prémunir de violences passées ou à venir, une aberration juridique évidemment, pour ne pas dire une absurdité. Le grand public devrait comprendre que si par deux fois un jury populaire l'a condamnée après des semaines d'étude du dossier, il y avait sans doute des raisons. Il les aurait partagées s'il ne s'était pas forgé une opinion d'après les apparences et sous matraquage médiatique.

J'ai toutefois été partie civile pour les parents et la sœur de Joël, un homme assassiné à l'initiative de son épouse, rencontrée très jeune. Encore était-elle accompagnée d'un homme dans cette entreprise criminelle, et même de deux ! À trente ans, Joël et Nathalie étaient déjà parents de cinq enfants. Joël était un garçon timide, qui travaillait dur pour nourrir sa famille, quand Nathalie dont il était toujours très amoureux a entrepris de commencer une « vie de femme », comme elle l'a dit au procès, c'est-à-dire avoir des amants. Tombée folle amoureuse de l'un, Stéphane, elle ne savait comment l'installer à la maison, forcément ! Elle lui a donc proposé de venir en compagnie de sa femme, ce serait moins louche, et de l'amant de cette dernière bien entendu. Joël se retrouvait donc à héberger dans l'appartement familial qu'il louait à Franconville, sa femme et leurs cinq enfants, mais aussi trois adultes et leurs deux rejetons. Les deux couples finissent par appeler Joël le cocu devant lui, sans vergogne, car pourquoi sauver plus longtemps les apparences ? Les soirées arrosées se succèdent, mais Joël continue de partir travailler à six heures du matin, devient la bonniche de la maison, subvenant aux besoins de tous, courbant l'échine pour ne pas perdre davantage Nathalie. Il continue à lui dire « je t'aime », même le jour où il la trouve au lit avec Stéphane. Réponse de Nathalie : une gifle ! Finalement, ce Joël qui tient bon les épuise par sa gentillesse. Alors le quatuor décide tout simplement de le tuer, un soir de janvier 2000. Ils l'ont drogué et ont incendié son corps, encore vivant, dans un bois à Éragny, sur les bords de l'Oise... Dévastée par le calvaire qu'avait vécu cet homme, j'ai lu pendant ma plaidoirie ce que l'on avait retrouvé dans sa poche, une liste de courses en partie calcinée, sur laquelle on pouvait encore déchiffrer : lait, assouplissant… Je voulais l'humaniser, que chaque juré, chaque magistrat, comprenne qui il était et ce qu'il avait enduré, un véritable esclavage domestique. En appel en avril 2004, Nathalie, Stéphane et l'amant de la femme de Stéphane ont été condamnés à trente ans de réclusion criminelle ; la compagne de l'amant, dont le rôle avait été moindre, à huit ans d'emprisonnement.

Les viols : la délicate compréhension de la loi

Nulle part la loi ne fait état, dans la définition du viol, de la notion de consentement, pourtant très prégnante dans l'esprit du grand public. C'est une notion morale, psychologique, qui concerne celui ou celle qui subit le viol. Or, la loi française ne caractérise pas le crime au regard de la perception de la victime mais de l'acte positif commis par l'auteur. Dans son article 222-23, le Code pénal définit le viol comme toute pénétration sexuelle, même digitale ou buccale, commis avec menace, contrainte, violence ou surprise.

Les plaintes pour viols sont de plus en plus nombreuses, et je ne suis pas certaine que seule la libération de la parole l'explique. Nombre de jeunes garçons, et de plus en plus de jeunes filles, sont confrontés à la sexualité trop tôt, devant les films pornographiques décalés de la réalité, parfois clairement violents, mettant en scène des relations sexuelles qui n'en sont pas puisque précisément, il n'existe aucune vraie « relation » entre les acteurs. À cet âge trop précoce, ils ne peuvent pas décrypter le contexte de jeux sexuels où tout est simulacre et exagération… quand les films ne font pas l'éloge du viol, en ne se cachant même pas derrière un prétexte ludique. Beaucoup d'ados découvrent la sexualité virtuelle avant de découvrir leur propre sexualité, en croyant que c'est ainsi que les choses se font dans la réalité, avec des filles qui, au mieux, seraient des sortes de nymphomanes, au pire aimeraient être forcées. La société de consommation qui prône l'utilisation pour ne pas dire l'usage unique, ainsi que l'absence d'éducation et de valeurs morales contribuent à encourager le « je veux-je prends », l'intolérance à la frustration, sur le plan matériel comme sexuel. Pour certains, le corps des femmes est une marchandise comme une autre. Et pourtant la sexualité doit mûrir au rythme de chacun, sur un plan très individuel, très personnel.

On aurait tort de croire que les images pornographiques ne s'imposent pas aux très jeunes, puisqu'elles sont à portée de clics dans le portable dont ils ne se séparent jamais. Autrefois, il fallait beaucoup chercher, et même si les ados le faisaient éventuellement le moment venu, il y avait des étapes à franchir avant d'y accéder. Le porno « immédiat » non choisi agit sur le plan psychique comme un forçage, une effraction, au même titre que l'abus sexuel. La loi réprime d'ailleurs ce qu'elle appelle la « corruption de mineurs », c'est-à-dire le fait d'imposer à des mineurs des images pornographiques.

À côté des viols caractérisés, il y a beaucoup de « viols zone grise », comme je les appelle, ceux commis sous emprise, ceux commis dans un contexte d'alcool, et/ou chez les très jeunes. Il y a l'emprise consciente et travaillée d'un auteur et l'emprise involontaire, difficile à condamner. Admirer quelqu'un, en être impressionné, raison pour laquelle on a un rapport sexuel, ce n'est ni délictuel ni criminel, quand bien même on cesserait d'admirer ou d'être impressionné, parfois des années plus tard. Les affaires sont alors classées sans suite, au grand désespoir des victimes. Il ne s'agit pas de nier qu'il puisse y avoir bel et bien une victime morale, mais il n'y a pas d'auteur pénal. Lorsque j'étais étudiante, un professeur avec lequel j'avais échangé à l'issue du cours m'avait lâché au seuil de la porte : « Je vous adore… » sur un ton concupiscent. Je m'étais faufilée, éclipsée, et étais partie sans que rien de plus ne se passe. Mais si j'étais restée, sidérée par le compliment, s'il m'avait embrassée à ce moment en tenant notre entrevue comme une invitation bien comprise et mon silence comme une acceptation, qu'aurais-je fait ? Comment lui dire « non », alors qu'il était mon professeur ? Je ne suis pas certaine que je me serais sentie en mesure de repousser ses avances. Il n'aurait usé ni de menace, ni de violence, ni de surprise, et selon les termes de la loi, je n'aurais pas été victime. Pourtant, des années plus tard, je suis encore perturbée par cet épisode. Doit-on prohiber tout rapprochement entre deux personnes dont l'une pourrait avoir un ascendant personnel ou professionnel sur l'autre, comme aux États-Unis où la peur du harcèlement paralyse toute spontanéité dans les relations professionnelles ? Ce serait se priver de nombreuses très belles histoires d'amour ! Les flatteries, la drague parfois lourde, ne peuvent pas être considérées comme une forme de contrainte, même lorsqu'elles émanent d'un supérieur hiérarchique. Mais j'entends parfaitement que pour celle qui se sent victime la nuance soit si subtile qu'elle en devienne inaudible.

Alors que j'étais avocat depuis peu, j'ai vu débarquer au cabinet un couple en panique, persuadé qu'une procédure allait leur tomber sur la tête après une partie à trois. Tout le monde était d'accord, autant qu'on puisse l'être après quelques verres d'alcool fort, mais l'ambiance avait tourné et la femme « invitée » s'était enfuie, leur jurant qu'elle allait déposer plainte. J'apprenais dans la foulée qu'en fait d'« accord », elle pouvait s'estimer tombée dans un traquenard dont elle n'avait pas toutes les données initialement. La femme du couple elle-même reconnaissait que ce n'était pas du tout son idée, tandis que lui se taisait prudemment, visiblement pas totalement à l'aise avec son scénario. Je leur ai rappelé les bases. À elle, j'ai dit :

– Faites vos choix de vie sexuelle comme vous l'entendez, mais pensez que vous devrez les assumer même quand vous n'aimerez plus votre partenaire.

Avec lui, j'ai été moins tendre :

– Ne faites jamais à une femme ce que vous n'accepteriez pas que l'on fasse à votre fille, à votre mère, et au besoin, pour y voir clair, allez voir un thérapeute.

Finalement, ils n'ont pas été inquiétés. Voilà typiquement un rapport sexuel en « zone grise », où celle qui se considère victime aura peut-être un retentissement psychologique, tout en renonçant à s'embarquer dans une procédure aléatoire.

Viols et perte de contrôle : tragique classique

L'alcool, et plus marginalement les drogues, multiplient les viols « zone grise », et les jeunes en sont les premières victimes. L'alcool, tellement présent dans notre société, désinhibe, attise les pulsions, retire le libre arbitre et la capacité de raisonnement, celle de l'auteur (tel que désigné par la victime), comme celle de la victime (telle qu'elle se ressent), à laquelle l'auteur n'a parfois eu aucune intention de faire du mal, sincèrement. Quand on a un rapport sexuel à minuit sous l'emprise de l'alcool, lors duquel on est plutôt actif, et que le lendemain on se dit qu'à jeun, on n'aurait jamais accepté, ce n'est pas un viol.

J'ai défendu Hadrien, dix-sept ans, en garde à vue puis devant le juge d'instruction. Lors d'une fête entre jeunes gens de bonne famille dans une très belle maison, l'une des filles a entraîné le garçon vers l'escalier menant aux chambres en lui disant :

– Viens, j'ai envie de baiser.

Difficile de faire plus clair, pure adaptation du mode X sans doute. Ivres, ils ont eu deux rapports sexuels consécutifs, mais la jeune fille déclarait le lendemain avoir souhaité le premier rapport et pas le second, sans pour autant lui avoir signifié autrement que par un « Je ne veux plus » qu'elle assurait avoir dit, et lui ne pas avoir entendu. Devant le juge, j'étais aux côtés de ce jeune homme qui peinait à prouver sa bonne foi, lançant ce candide :

– Mais pourquoi j'aurais continué si elle m'avait dit : « Je ne veux plus » ?

Le juge a interrogé Hadrien des heures, le « tordant » pour savoir s'il comprenait les notions de « menace, contrainte, violence et surprise », ce qui était le cas puisqu'il n'était ni stupide ni illettré, ce qui peut arriver. Mais Hadrien ne voyait décidément pas quelle « case » il aurait cochée. J'ai réussi à lui éviter la mise en examen, il a été placé sous le statut de « témoin assisté » et a bénéficié d'un non-lieu. Le désir, c'est compliqué pour les adultes, mais plus encore pour les jeunes, surtout alcoolisés.

J'ai coutume de recommander une vidéo qui explique parfaitement comment ne pas aller trop loin : « Tea and consent », que l'on trouve sur YouTube. Elle explique parfaitement aux hommes quelles sont les limites, comment raisonne une (ou un) partenaire, ou plutôt comment elle ne raisonne plus, une fois atteint un certain taux d'alcool qu'ils ne doivent pas exploiter. Elle enseigne la vigilance à garder vis-à-vis d'un partenaire qui peut vouloir d'abord suivre l'autre dans une chambre, se déshabiller, puis, reprenant un peu ses esprits, ne plus être d'accord. C'est son droit, et il n'y a pas de « faute » de la victime, tout au plus une erreur d'appréciation. Encore faut-il être suffisamment attentif et lucide soi-même pour capter le changement d'ambiance.

L'alcool génère des drames sexuels, sans que l'âge des protagonistes n'y change rien, des viols en « zone grise » et d'autres très noirs qui peuvent aboutir au meurtre. J'ai eu à défendre une femme d'une cinquantaine d'années qui, dans un pub, un soir de déprime, avait bu jusqu'à l'ivresse, entretenant des conversations à droite à gauche, pour accepter d'être raccompagnée par deux « petits jeunes » qui auraient pu être ses fils. Sauf qu'une fois arrivés dans le parking, ils l'avaient violée, frappée, et laissée pour morte étranglée avec son collant. Découverte à l'aube, elle avait eu la vie sauve. Les deux jeunes, à l'audience de la cour d'assises, l'ont entendue expliquer que tout le temps des sévices qu'ils lui faisaient subir, elle se consolait en pensant qu'elle préférait que cela lui arrive à elle plutôt qu'à sa fille… Les criminels reconnaissaient les faits, n'en contestaient rien, mais ils étaient visiblement abasourdis eux-mêmes par ce qu'ils avaient commis ! Ils m'ont notamment paru sincères lorsqu'ils se sont montrés incapables d'expliquer la découverte d'un paquet de cigarettes dans le vagin de la victime… Triste illustration de la barbarie gratuite, des actes prohibés et des drames liés à l'alcool.

C'est parce que personne n'est à l'abri de croiser un prédateur sexuel, au visage d'abord avenant, que perdre le contrôle, notamment en s'enivrant, est une prise de risque, que l'on se trouve avec des inconnus ou des « amis » : 80 % des viols ont lieu entre personnes qui se connaissent déjà. Déplorer cette réalité ne doit pas conduire à la nier.

L'éducation pour prévenir s'impose, le soin pour guérir les auteurs aussi. S'il existe de nombreuses associations d'aide aux victimes, l'une a mûri à contre-courant, avec l'idée qu'aider les auteurs potentiels pouvait éviter des victimes. Latifa Bennari, elle-même cible d'un adulte durant son enfance, a créé l'Ange Bleu, une association qui s'attache à aider les pédophiles à ne pas commettre l'irréparable. Car écouter des auteurs, c'est court-circuiter les passages à l'acte. Où peuvent-ils parler ailleurs s'ils en éprouvent le besoin ? Il arrive à Latifa Bennari d'entendre au téléphone durant des heures un pédophile abstinent lui confier ses pulsions, non pour en être absous mais parce qu'il voudrait tenir bon. Ceux-là sont ceux pour qui l'on peut encore faire quelque chose, parce que la conscience de faire mal les angoisse et qu'ils cherchent à se retenir. Aujourd'hui, la médiatisation des actes sexuels criminels plus généralement a renforcé le verrou externe : l'auteur sait que c'est mal, condamné par la société et par les tribunaux, qu'il doit se cacher. Mais paradoxalement, la libération de la parole publique a fait perdre aux auteurs le verrou interne qui était la honte, le devoir absolu de réprimer ses pulsions, quand ce n'était pas la peur du châtiment du destin, même pour les non-croyants.

La communication, si elle est salutaire pour les victimes, peut être délétère pour les auteurs potentiels. À tous ceux qui conduisent, je pose la question : avez-vous le même respect pour un panneau d'interdiction de stationner si plusieurs véhicules sont déjà garés à cet endroit ? Les actes sexuels déviants sont de plus en plus nombreux, l'offre vidéo sur Internet est pléthorique, l'inhibition s'est comme dissipée, la frustration intolérable entraînant des comportements incontrôlés. Ce constat me laisse divisée : faut-il parler des agressions sexuelles pour éviter qu'elles ne se produisent, ou le fait d'en parler banalise-t-il le phénomène ? À cette question que l'on me pose parfois, je n'ai pas la réponse, même si je pense les deux conséquences indissociables.

CHAPITRE ONZE

Planète magistrats

Lors de mes jeunes années de barreau, je ne comprenais pas mes confrères quand ils évoquaient leur mauvaise entente avec les magistrats. À l'époque, j'avais de très bonnes relations avec ces derniers, et même tissé de solides amitiés, dont certaines durent toujours. Les magistrats, je les respecte, pas tant par principe que pour la difficulté de leur mission. Je n'ai jamais eu de déférence pour des fonctions, je ne peux en avoir que pour des personnes. Ils doivent endosser l'énorme responsabilité d'instruire et juger, après que les avocats ont exposé et argumenté. Contrairement à certains confrères, je n'ai jamais pratiqué la « défense de rupture », incarnée par le disparu Jacques Vergès, qui s'opposait au système, et comme le préconisait Lénine, souhaitait « s'adresser aux masses par-dessus la tête du juge ». Surnommé « le salaud lumineux », Vergès prônait « la contestation brutale de l'ordre public ». Il ne subsiste chez ses émules que la brutalité, certains de mes confrères compensant leur moindre talent par un manque de respect ou une agressivité qui détériore les rapports entre avocats et magistrats. Mais à qui faire porter la responsabilité de la déliquescence de nos relations ? Comme avec la poule et l'œuf, il est difficile de savoir qui a commencé. À mes débuts tous les porteurs de robe au tribunal, juges, parquetiers, greffiers, m'apparaissaient comme des partenaires complémentaires, tendus comme moi vers un absolu de justice. Trente ans se sont écoulés, et les choses ont changé. Ce n'est pas tant moi qui ai évolué que l'attitude des magistrats qui se crispe, les déconvenues qui s'accumulent, le respect qui se perd. Pas avec tous, évidemment, mais assez pour que, certains jours, j'en aie « gros sur la patate ». Et il n'est pas question de partager mon désarroi ou ma colère avec mes clients, encore moins de la leur faire payer.

Fin de l'ambiance familiale

La justice n'échappe pas à l'évolution générale de la société qui tend à se déshumaniser, se désincarner, se durcir. Il y a trente ans, au tribunal, nous nous sentions chez nous : il n'y avait pas de portiques de sécurité, pas de badges, pas de cages en verre pour les accusés. Aujourd'hui, la justice, c'est devenu Fort Knox ! Le retour du terrorisme, sous une forme islamiste, au début des années 2000, a changé la donne et les magistrats n'en sont pas coupables. Mais le problème, c'est que le décor semble avoir imprimé les mentalités par un lent glissement auquel j'ai assisté. Lors de mes débuts, c'est avec les clients que j'avais le plus de mal, à me faire respecter et payer. Puis est venue l'époque où mes confrères m'ont déçue. Il a fallu que je comprenne – idiote que j'étais – que confrère n'est pas frère, que la vigilance devait sous-tendre nos relations professionnelles, et que la jalousie pouvait gangrener les amitiés. Aujourd'hui je le dis, ce sont les magistrats qui rendent mon exercice professionnel plus difficile. Bien sûr, je parle de « certains » magistrats, comme de « certains » clients et de « certains » confrères. Mais ils sont parfois suffisamment hostiles ou nuisibles pour rendre l'atmosphère très lourde…

Une distance s'est installée là où il y avait une fraternité, de la bienveillance, une forme de connivence que j'estime nécessaire car c'est ensemble que nous contribuons à l'œuvre de justice, dont le contenu est suffisamment dur pour qu'il soit bienvenu d'adoucir les mœurs.

Les relations chaleureuses voire amicales n'empêchent personne de bien effectuer son travail. Comme deux adversaires dans une compétition sportive luttent chacun pour gagner sans que cela les empêche de s'estimer ou de s'apprécier, je peux m'écharper dans un dossier avec un confrère ami de longue date, sans que cela – Dieu merci – nous prive de nous « claquer la bise ». Nos affrontements ne sont pas du cinéma. Je n'ai pas davantage de doutes sur l'impartialité des magistrats qui ont eu à statuer sur mes dossiers quand bien même ils venaient dîner à la maison. Il arrive bien sûr que le débat se poursuive hors les murs du palais de justice, lorsque chacun campe sur ses positions, mais nous passons ensuite à d'autres sujets de conversation.

Le premier de mes collaborateurs a été Louxor, mon labrador qui m'accompagnait même aux audiences, attendant sagement devant la salle que cela se termine. Un président du tribunal correctionnel que j'adorais, Jean-Marie Charpier, ne manquait pas d'y trouver matière à faire sourire en disant parfois : « Attention, mes chers collègues, Maître Louxor nous regarde ! ». Pendant ce temps-là, un « confrère », lui, écrivait des courriers au bâtonnier pour lui expliquer que mon chien était un facteur d'insalubrité – ce que je prenais très mal car il était flambant propre – et qu'il faisait peur à ses clients musulmans. Je recevais beaucoup de clients musulmans, ils aimaient beaucoup mon chien ! Les toutes jeunes victimes plus encore. Lors d'une audience d'assises particulièrement dure, Louxor avait fait une crise d'épilepsie dans le couloir. J'y avais vu la preuve que le chien éponge les émotions. Mais Louxor a été démis de ses fonctions en 2005 par un président « canophobe ». Plus sérieusement parce que tout est devenu réglementé et « plus raide que la justice », parfois à l'encontre du bon sens. Je vois aujourd'hui avec satisfaction que certains tribunaux ont embauché officiellement des labradors à visée thérapeutique qui rendent la justice paradoxalement plus humaine : mon Louxor était un précurseur !

J'ai connu les tribunaux où l'avocat entrait chez le juge d'instruction en frappant à la porte de son bureau pour lui dire deux mots, tandis qu'aujourd'hui les couloirs des cabinets d'instruction sont presque inaccessibles. J'ai un jour appelé sur sa ligne directe un jeune juge qui venait de prendre ses fonctions. Il m'a reproché de ne pas être passée par son greffe et a raccroché en me lançant : « Je ne peux pas perdre de temps au téléphone avec les avocats ! ». Sans désarmer, je suis allée faire le siège de son cabinet pour qu'il me reçoive. Je lui ai expliqué qu'il valait bien mieux que je lui expose ma demande d'acte oralement pour commencer. Soit il trouvait mon idée pertinente et se l'appropriait – et ma démarche évitait un enregistrement au greffe –, soit il me répondait y avoir pensé mais, au nom de sa stratégie d'enquête, souhaitait attendre tel ou tel événement – dans ce cas, j'attendrais et ma démarche lui épargnait une réponse devant m'être notifiée –, soit enfin il estimait ma demande infondée et m'en exposait rapidement les raisons. Si j'étais convaincue, je renonçais. Si je ne l'étais pas, j'enregistrais ma demande, il la refusait officiellement, et j'allais la plaider à la cour d'appel, devant la chambre de l'instruction, qui s'appelait alors la chambre d'accusation. Tout cela paraît logique, simple et cohérent, non ? Mais aujourd'hui, la forme a pris le pas sur le fond. Sauf pour quelques dossiers et avec quelques juges, je ne tente plus de communiquer, je dépose officiellement. La disparition de la communication mène pourtant à une perte de temps et d'énergie.

Lorsqu'un magistrat n'est pas à l'heure pour une audience, tout le monde patiente. Mais je crois n'avoir jamais entendu un président présenter ses excuses à la salle, on ne s'abaisse pas à cela : c'est très révélateur. La machine est grippée, les magistrats sont surchargés, c'est vrai, mais cela n'excuse pas tout. Les frontières physiques se sont doublées de frontières de castes : est-ce parce que les magistrats ont eu un « noble concours », celui de l'École nationale de la magistrature ? Ils en oublient que notre sélection existe quand nous passons nos examens, mais qu'elle se poursuit aussi tout au long de notre carrière, par écrémage, manque de talent ou épuisement psychique. Près d'un tiers des avocats quittent la profession avant leurs dix ans d'exercice, vingt mille d'entre nous envisagent d'en changer[1]. On ne voit quasiment pas de magistrat quitter ses fonctions, extrêmement peu d'entre eux devenir avocats, alors que trois cents avocats par an deviennent magistrats !

On peut lire sur le site de l'ENM, au chapitre « Avocat/magistrat : quelles différences ? » : « L'avocat est le serviteur de la cause de son client. Le magistrat incarne pour sa part l'autorité judiciaire (...) Le magistrat a donc une

1. Chiffre CNB (Conseil national des barreaux).

mission d'intérêt public. » Voilà dans quel état d'esprit sont « élevés » nos futurs magistrats ! L'avocat est un serviteur, le magistrat une incarnation. Il serait important de leur rappeler que l'intérêt public est aussi la somme des intérêts particuliers, et que sans l'individu, il n'y a pas de société !

Après avoir plaidé une affaire en correctionnelle, j'ai eu le malheur de dire au jeune parquetier qui avait requis :

– Je voudrais vous parler, d'auxiliaire de justice à auxiliaire de justice.

Il a rétorqué :

– VOUS êtes auxiliaire de justice, je suis MAAAGISTRAT.

Certaines audiences sont carrément renvoyées à une date ultérieure par le fait du prince « parce qu'il est tard », ce que nous apprenons en fin de journée après des heures de tension. La demande de renvoi de l'avocat est en revanche trop souvent rejetée, parce qu'il n'y a pas de raison de faire « plaisir » aux avocats ou aux justiciables. À l'avocat convoqué à Lille et à Marseille en même temps, on répond : « Vous n'aviez qu'à vous organiser autrement », ou « Si vous êtes indisponible, vous n'avez qu'à vous faire remplacer ». Peu importe que le client ait créé une relation de confiance fondée sur l'*intuitu personæ*. Le justiciable doit faire avec. Quitte à ce que l'on fasse sans lui : « Si le prévenu est malade, nous le jugerons en son absence. » Il arrive que mes clients comme moi attendions les décisions fébrilement, avec des délais qui sont prorogés mois après mois, sans même qu'on en soit averti, et sans réelle visibilité. Lorsque le magistrat est surchargé, il proroge. Lorsque c'est l'avocat, il se voit infliger injonctions et clôtures. Les premiers lésés sont les justiciables, nous en seconde ligne, qui faisons le « tampon » entre le système qui déraille et ceux qui en pâtissent.

Avocat-magistrat : école de la vie ou de la magistrature

Certains magistrats sont devenus « hors sol », parce qu'ils sont dans une situation privilégiée, dans l'exercice même de leur fonction. Le magistrat commence à travailler dans une position objectivement favorable sur le plan pratique par rapport à l'avocat. Il est salarié de l'État, quand nous nous frottons matériellement à la « vraie vie », comme la majorité des citoyens. Quand le magistrat débute, il ne vit pas la peur au ventre de ne jamais pouvoir régler ses factures, alors que notre priorité est de nous acquitter des charges du cabinet, ne songeant à nous payer que dans un second temps, si c'est encore possible. Lui n'a pas besoin de se faire connaître, sa réputation n'a aucune importance. Par la suite, il ne connaît pas le problème des honoraires que le client conteste, de préférence une fois que son affaire est réglée, même gagnée, et une fois perçus des intérêts civils dont il n'osait même pas rêver. Le magistrat n'entend jamais dire : « Mais pourquoi je devrais payer, je demandais juste un conseil ?! », phrase courante de clients auxquels je dois répondre : « Mais le conseil, c'est mon métier ! », les règles en sont même affichées dans la salle d'attente. Le confort de vie des magistrats sur plusieurs points ne leur permet pas forcément de comprendre les aléas d'une profession « libérale »… mais aliénante.

Géographiquement aussi, l'avocat est de plain-pied avec le justiciable, sur le plancher des vaches. Le bureau du magistrat est fixe. Il ne va pas de train en avion, ne se déplace pas plusieurs fois dans la même journée, cumulant le stress et les embouteillages. Il ne goûte pas aux charmes de l'hôtel spartiate que parfois le client nous a réservé en bordure de quatre voies, au snack du soir en solo éclairé au néon, aux courtes nuits au-dessus du dossier alors que le procès va durer des jours ou des semaines. Dans son bureau, il étudie des dossiers, quand nous rencontrons des « vraies gens ».

Humainement, nous sommes avec le client physiquement, pour le meilleur et pour le pire. Nous nous tenons « aux côtés » du justiciable, au cabinet mais aussi aux audiences, tandis que le magistrat se tient en face, de l'autre côté de son vaste pupitre, nous surplombant légèrement, décorum qui semble avoir imprimé leur conscience. Il en résulte qu'il peut se sentir supérieur, mais aussi étranger à ce qui se joue affectivement pour les deux parties, parfois exigeantes et vindicatives. J'ai vu monter au fil des années le degré d'agressivité des clients, jusqu'à parfois dépasser les bornes. La mère des quartiers n'hésite plus à m'annoncer : « Je vous préviens, vous avez intérêt à me le sortir de prison, parce que sinon… » La partie civile énonce : « S'il ne prend pas perpétuité, c'est que vous aurez mal travaillé. » Et quand c'est moins grave : « Mon affaire, c'est du gagné d'avance parce que j'ai raison. » Les magistrats ne sont pas directement exposés aux justiciables. Dans certains dossiers à haut potentiel explosif, comme *Charlie Hebdo*, Colonna ou Traoré, dans lequel je défendais des gendarmes victimes de violences lors des émeutes urbaines, il est conseillé d'être vigilant. Moins toutefois que dans cette affaire que rien ne prédisposait à devenir sensible, le dossier d'Élisa Pilarski, au cours duquel j'ai été menacée de mort si le chien à l'origine du drame était euthanasié. Pour l'avocat, un dossier peut générer des risques, voire des drames, pour des raisons qu'il ne maîtrise pas, pas plus qu'il ne maîtrise le rythme de la procédure.

Rien ne prédestine parfois un dossier à générer le danger. Celui qui a déclenché la pire menace sur ma vie ne l'était pas. J'étais aux côtés de la partie civile, pour deux sœurs et un frère, après que leur père, marginal et alcoolique, avait été retrouvé noyé dans l'Oise. Les enquêteurs avaient fait une « recherche des causes de la mort » et réclamé une autopsie concluant à une chute liée sans doute à son taux d'alcool dans le sang. L'affaire avait été classée sans suite, mais les sœurs refusaient de croire à la thèse de l'accident. Quand elles m'ont désignée, je me suis tout de suite dit la même chose qu'elles : il y a quelque chose qui ne colle pas. L'homme avait été retrouvé nu, mais encore ses chaussettes aux pieds. Or, soit on perd l'équilibre et on tombe tout habillé à l'eau, soit on décide de se baigner et les premières choses que l'on ôte, ce sont les chaussures et les chaussettes. Lorsque mes clientes ont découvert, sur les berges du fleuve, le dentier brisé de leur père, ma religion était faite. J'ai remué ciel et terre pour que le dossier soit ouvert et obtenir qu'un juge d'instruction soit nommé. Et enfin, cinq hommes ont été mis en examen après avoir reconnu avoir bu en compagnie de la victime le soir des faits, puis chahuté, l'avoir déshabillé, s'être moqué de lui et l'avoir même frappé. Cependant, ils affirmaient être partis en le laissant sur les bords de l'Oise, titubant mais bien vivant. Tous les magistrats instructeurs qui se sont succédé se sont alors appliqués à ne rien décider. Les suspects ont d'abord été incarcérés, puis ils sont ressortis. Pas un juge ne voulait les renvoyer devant la cour d'assises. Je me battais afin qu'ils y comparaissent pour violences volontaires ayant entraîné la mort sans intention de la donner, à défaut de meurtre, sachant trop bien ce qui peut se passer en cas d'alcoolisation massive. La lutte a duré des années. Je me démenais autant que je le pouvais quand mon client, le frère, a commencé à devenir ingérable et menaçant. J'étais une cible toute trouvée puisqu'il m'accusait d'être responsable de la lenteur de la procédure. Alors que j'en étais minée. Il s'est débrouillé pour savoir où j'habitais. Mes ennuis ont commencé, pour durer des années, et je ne m'en estime pas quitte : menaces de mort, dégradations de ma voiture, coups de sonnette intempestifs de jour comme de nuit qui terrifiaient mes enfants, guet devant la maison, j'étais « le démon ». Il a plusieurs fois débarqué au cabinet, terrorisant mes collaboratrices en leur assurant : « Je garde une balle pour elle ! ». Elle, c'est moi. Je vis au gré de ses hospitalisations psychiatriques, sans que ses sœurs désolées puissent le retenir bien entendu. J'ai donc fini par dégager ma responsabilité, espérant qu'il m'oublie. Lorsqu'il était interpellé et faisait l'objet d'une comparution immédiate, après quarante-huit heures de garde à vue et à jeun, il répétait au tribunal : « Je sais bien qu'elle fait tout pour nous, je l'aime bien, Maître Caty Richard. » L'expert a conclu à l'irresponsabilité en diagnostiquant un syndrome psychiatrique rare, le délire d'interprétation de Sérieux et Capgras, et il a été hospitalisé d'office. Jusqu'à ce que, stabilisé, il sorte, se tienne sage quelque temps, puis boive, consomme des substances psychotropes à nouveau, et récidive. Je sais qu'il ne peut pas guérir, et que sa dangerosité ne peut que croître encore. Le décès du père a finalement fait l'objet d'un procès en correctionnelle, sans moi.

Bien sûr, quand un juge refuse de nous entendre, il ne le fait pas en imaginant de telles conséquences, heureusement rares. Le vrai problème, c'est qu'à ne plus fréquenter l'humanité de très près, avec un entre-soi qui va grandissant, les magistrats peuvent sous-estimer les traumatismes, les douleurs, la complexité des affects humains. Je le vis encore plus mal quand au-delà des procédures et des dossiers, je lis une forme d'indifférence proche de l'inhumanité, que les « victimes » en soient ou non mes propres clients.

Affronts humains

La reconstitution du crime de « mémé Saint-Leu », violée avec sa canne et tuée, est restée, à ce titre, mémorable. La juge d'instruction avait réquisitionné le GRIMP[1] pour sécuriser la sortie du meurtrier par la fenêtre de la maison, dès quatorze heures, début des opérations. Elle avait pourtant prévu de ne les faire intervenir qu'en fin de reconstitution, après le coucher du soleil, moment où s'étaient déroulés les faits. En espérant qu'ils n'aient pas eu des vies à sauver plutôt que taper de la semelle sur le bitume. La voisine, qui avait découvert le corps, avait été également convoquée à quatorze heures. Elle piétinait, blême et sans aucune utilité, devant le théâtre de ses mauvais souvenirs. Il a fallu que je suggère à la juge :

– On pourrait lui dire de rentrer chez elle, et j'irai sonner, non ?

Lorsque des heures plus tard, la voisine pénètre dans cette maison où elle avait vécu un vrai traumatisme, la juge lui lance :

– Montrez-nous comment était le corps : est-ce que sa robe était relevée ?

La femme, tremblante, répond :

– Quand je l'ai vue, au début j'ai pensé qu'elle avait fait un malaise…

La juge l'interrompt sèchement :

1. Groupe de reconnaissance et d'intervention en milieu périlleux, unité de secours spécialisée des sapeurs-pompiers.

– Ce n'était pas ma question !

Comme si elle ne pouvait pas la laisser raconter à son rythme, comprendre qu'il fallait que la mémoire refoulée revienne et qu'elle devait vider son sac dans l'ordre de ses souvenirs ! Alors au sujet de la robe, elle est restée bloquée et a répondu : « Je ne sais plus. »

Était présente, aussi incrédule et choquée que moi, une médecin légiste dont je vénère l'immense humanité, le docteur Caroline Rambaud. Elle regardait la maison et, bien que médecin des morts, elle voyait le vivant davantage que la juge, me désignant, émue, les derniers stigmates d'une existence au domicile : « Regardez, elle faisait des mots croisés… » Quand on sait combien le sens de l'observation compte dans une instruction.

À la fin de la reconstitution, la juge a commencé une phrase à son intention :

– Bon, la prochaine fois…

Caroline Rambaud l'a interrompue :

– Ne me renommez pas, il n'y aura pas de prochaine fois avec moi.

Courageuse.

Il m'arrive de rentrer désespérée de ces moments rendus plus difficiles encore par des juges tellement déconnectés de l'âme humaine.

Que dire de ceux qui ne connaissent visiblement pas, ou insuffisamment, le dossier le jour de l'audience, qui s'adressent sur un ton condescendant, agacé ou agressif aux victimes comme aux mis en cause ? Que dire de la manière dont sont parfois traités les membres des services d'enquête, les témoins, les experts ou intervenants des services sociaux ?

De décisions prises par les magistrats dépendent des vies entières, mais nous, avocats, serons les seuls comptables du résultat face au client. Comment expliquer une décision inique à un client qui restera marqué par ce moment qu'il a attendu si longtemps, surtout quand le procès n'a offert qu'un simulacre de justice ? Les injustices me mettent d'humeur sombre, me révoltent, me désespèrent, mais je dois faire bonne figure pour mes clients, tenter de leur expliquer ce que j'ai parfois moi-même du mal à comprendre et encore plus à accepter.

Contrairement aux enseignants de l'Éducation nationale qui sont inspectés régulièrement, les magistrats ne connaissent pas d'observateurs dans leurs audiences pour vérifier la bonne tenue des débats. Pas de « clients mystères » dans les justiciables. Les magistrats sont, en vérité, presque intouchables.

Ils ne sont pas responsables, ni au regard du justiciable ni au regard de leur hiérarchie. Ils peuvent se tromper, sans autre conséquence sur leur vie que leur éventuelle mauvaise conscience… si vraiment leur erreur est démontrée, et encore ! Ils n'ont pas à relever le défi d'avoir cinq étoiles sur Google comme un logement Airbnb, et s'ils ne donnent pas satisfaction, ils ne seront ni blacklistés ni agonis d'injures, pas davantage radiés ou rappelés « à l'ordre », comme nous, qui sommes sous l'œil vigilant de « l'Ordre des avocats », saisis de plus en plus fréquemment par les clients à la moindre contrariété. Le magistrat indélicat ne dérange personne, à part les avocats et les justiciables. Un client, aussi érudit qu'avisé, m'a dit un jour : « Il faudrait initier un #Balance ton juge. » En pratique, le magistrat qui a commis une faute grave est tout au plus déplacé dans une autre juridiction et souvent... promu à cette occasion ! On peut voir ainsi de mauvais juges faire du mauvais travail de juridiction en juridiction sans que cela pose de problème à quiconque, sauf à ceux qui les subissent, et ce, jusqu'à leur retraite. Bien sûr, l'erreur est humaine. Mais c'est précisément parce que la justice est rendue par des femmes et des hommes, par définition faillibles, que ceux-là ont le devoir de se montrer humains et respectueux, en traitant bien ceux qui se présentent devant eux, en ajoutant un supplément d'âme à leurs décisions, en jugeant avec un peu de leur cœur en plus de leurs codes.

Les magistrats et le parapluie

Dans l'esprit collectif, il y avait autrefois une catégorie de « gens au-dessus des lois ». Vérité ou non, ce sont précisément ceux qui se trouvent aujourd'hui les plus en péril s'ils entrent dans le collimateur de la justice. Certains magistrats ont tellement peur de se voir reprocher par les médias ou l'opinion publique une forme de mansuétude ou de favoritisme envers telle ou telle catégorie de justiciables, notamment les notables, les forces de l'ordre ou les politiques, qu'ils traitent leurs affaires comme des dossiers « à part », de façon partiale, en instruisant davantage à charge ou en matraquant plutôt qu'en jugeant. Un peu comme un enseignant est plus sévère avec son propre enfant lorsqu'il est dans sa classe.

Sans parler de l'effet « dossier signalé », du prestige d'instruire ou de juger une affaire médiatique, qui flatte les ego. Ainsi, un juge d'instruction m'a dit un jour, me faisant écarquiller les yeux, ahurie :

– Dans l'affaire Untel – nom d'un très célèbre homme politique – que j'ai eu l'Hooonneur d'instruire… »

L'honneur avec un grand H et beaucoup de o. Je lui ai rétorqué :

– Je ne vois pas quel honneur (avec un petit h) il y a à faire la vérité sur un dossier plutôt qu'un autre.

Tous les dossiers m'honorent, avec ou sans vernis social, du moment que j'ai le sentiment d'être utile à quelqu'un.

Parfois on a l'impression que les magistrats manifestent davantage de mansuétude envers les voyous, par lassitude, banalisation, découragement, tandis que, pour montrer à quel point ils sont objectifs, ils ont la main de plus en plus lourde envers les représentants des forces de l'ordre ou des citoyens bien établis. Les notables aussi sont dans le collimateur, comme Pierre, l'un de mes clients, médecin à Mayotte. Sur cette île, des hordes de jeunes, défoncés, sans foi ni loi, ni parents, ni moyens de subsistance, en provenance des Comores, forment des milices ultra-violentes qui pillent, violent et tuent sans pitié. Une nuit, Pierre est appelé à l'aide par sa voisine, seule avec son petit garçon, alors que des assaillants cernent sa maison, crochètent la porte et sont en passe d'entrer chez elle. Terrorisée, elle a appelé les secours, mais les gendarmes, à l'époque regroupés sur l'autre île de Mayotte, étaient dans l'impossibilité d'être sur place avant plusieurs heures. Mon client a empoigné sa carabine et l'a chargée avec le plus petit plomb possible. Il s'est manifesté bruyamment, en réponse de quoi il a reçu des pierres, armes puissantes et redoutables, manipulées par des mains expertes. Les agresseurs n'ont même pas fait mine de reculer. Alors Pierre a tiré, réussissant à mettre les voyous en fuite, avant d'aller rassurer la voisine. Mais le lendemain, un jeune sans-papiers, se revendiquant mineur, est venu faire soigner à l'hôpital son œil blessé par du petit plomb. Pierre l'a appris, s'est aussitôt signalé et a été entendu par les gendarmes. Ils ont transmis la procédure au procureur qui l'a classée sans suite. La victime du tir a été considérée comme MNA (mineur non accompagné), pris en charge par l'ASE[1], et un éducateur très éclairé a contesté le classement sans suite, prétendant que Pierre avait tiré pour protéger ses biens. Chose on ne peut plus fausse : il ne s'agissait même pas de son domicile ! Par peur du scandale, bien-pensance ou afin qu'il ne puisse pas être dit sur l'île que l'on pouvait impunément tirer sur des gens, une instruction a été ouverte. Pierre a été mis en examen pour violences volontaires avec arme ayant entraîné une infirmité permanente, le jeune ayant perdu toute acuité visuelle sur son œil touché. Le dossier a traîné, jusqu'à l'arrivée d'un nouveau juge qui a convoqué mon client. Avant l'interrogatoire, je m'entretiens avec le magistrat :

– Toutes les conditions de la légitime défense sont réunies, et il s'agit même d'un cas d'école, puisqu'il a repoussé, de nuit, des personnes entrées par effraction dans un lieu habité, luttant contre le pillage effectué avec violence. Le droit prévoit la légitime défense d'autrui…

Il me coupe alors la parole :

– Moi, je suis un ancien militaire, je ne fais pas de droit : je tue des gens !

J'étais furieuse et atterrée.

Au lieu de rendre une ordonnance de non-lieu, ce juge a donc renvoyé Pierre devant le tribunal correctionnel pour

1. Aide sociale à l'enfance.

violences involontaires avec arme ayant entraîné une infirmité permanente. L'élément « involontaire » retenu, loin d'être un cadeau, était un piège car il m'empêchait d'évoquer la légitime défense. Pour simplifier, si l'on agit pour se défendre ou défendre quelqu'un, c'est forcément volontairement.

Devant le tribunal correctionnel, j'ai déposé des conclusions exposant qu'il ne s'agissait pas de violences involontaires puisque c'est volontairement que mon client avait tiré, et je l'ai répété au tribunal. Un magistrat m'a demandé :

– Êtes-vous bien consciente que vous nous demandez de renvoyer votre client devant la cour d'assises ?

J'avais l'entière confiance de mon client, et je suis allée jusqu'au bout de mes convictions. Le tribunal s'est déclaré incompétent, renvoyant l'affaire devant la chambre de l'instruction de Saint-Denis de La Réunion. J'ai déposé un mémoire très complet, et obtenu un non-lieu, la cour d'appel ayant retenu la légitime défense. Pierre était sauvé.

Quant au juge d'instruction, il a dû se mettre à faire du droit, au moins lorsqu'il a été lui-même mis en examen pour… viol ! Il a comparu devant une cour d'assises, et a été condamné en décembre 2022 à huit ans de prison, verdict dont il a fait appel.

La légitime défense est une notion que les juges n'aiment pas, craignant sans doute que le procédé ne fasse école et que cela semble cautionner une société qui se fait justice elle-même. L'usage de la violence, même si on l'estime justifiée, est toujours à proscrire, car elle n'est légitime que si la défense est impérative et proportionnée à une attaque immédiate. L'adrénaline, le stress, empêchent bien évidemment de juger de la proportionnalité dans le feu de l'action !

J'ai eu pour client un jeune homme qui, un soir de fête de la Musique, se trouvait en bas de chez lui quand une brute armée d'une chaîne en fer et d'un pitbull s'est attaquée à son frère. Il est remonté dans l'appartement attraper une batte de base-ball et a tapé sur l'agresseur un peu comme il a pu dans la panique, il voulait juste que son frère reste en vie. Il a frappé trois fois. L'agresseur est décédé. Une fois, c'est de la légitime défense, mais lorsqu'au premier coup l'adversaire a un genou à terre, et qu'au deuxième il s'effondre, le troisième, au regard de la loi, c'est de l'acharnement.

Plutôt que ressasser mes déconvenues « magistrales », mes déceptions des gens de justice, je préfère me souvenir de ce président de tribunal correctionnel à Bobigny que j'avais remercié de m'avoir attendue à une audience, et qui m'a répondu avec gentillesse : « Mais c'est bien normal, Maître ! » Ce qui n'est pas normal, c'est que ce souvenir soit resté gravé dans ma mémoire tant un tel comportement est rare ! Gravée dans mon souvenir aussi, cette magistrate toulousaine, qui a épargné à Antoine, l'un de mes jeunes clients, une peine trop lourde.

Antoine avait eu une altercation dans une soirée étudiante largement alcoolisée qui avait mal tourné. Une procédure de CRPC (Comparution sur reconnaissance préalable de culpabilité) avait été décidée, un « plaider coupable » à la française. Elle est possible dans les situations où l'auteur reconnaît sa culpabilité et lorsque les faits sont assez simples. Antoine n'avait fait « que » donner un coup à un camarade très excité. Une goutte d'eau avait fait déborder le vase, la bouteille de vodka plutôt. Mais la victime avait deux dents cassées. Ce type d'audience se déroule en deux temps, avec l'assistance obligatoire d'un avocat. Lors d'une première étape, on passe devant un représentant du Ministère public, qui fait une proposition de peine, et lors d'une seconde étape dans la foulée, devant un juge du siège qui a le choix entre homologuer la peine ou renvoyer l'affaire devant le tribunal correctionnel s'il n'est pas d'accord avec la proposition, ce qui n'arrive que très rarement. Devant le procureur, je bataille pied à pied pour faire baisser le plus possible la peine qu'il suggère, j'explique qu'Antoine suivait brillamment son cursus, et que le coup de poing est parti en réponse à des violences. Le procureur finit par faire une proposition franchement indulgente. Mais il faut que la juge accepte d'homologuer cette peine. La partie ne me semble pas du tout gagnée tant le « tarif » en est peu élevé. Alors je plaide mon dossier à fond et peut-être « trop bien », puisqu'après elle me dit :

– Ah, Maître, je trouve la peine proposée par le parquet un peu sévère. Je ne peux pas l'homologuer.

Mais en correctionnelle, nous risquions bien davantage ! J'ai donc dû rétropédaler en une fraction de seconde :

– J'entends votre sagesse, madame la juge, mais je crains que le tribunal correctionnel ne la partage pas…

– Je comprends, ne vous inquiétez pas, je le jugerai moi-même, je mets ce dossier sur une de mes audiences.

Ce qu'elle a fait. Je suis donc revenue à Toulouse plaider pour Antoine, qui a été condamné, comme prévu, à une peine plus légère encore que la dernière proposition du procureur.

Sa mère n'en était pas si heureuse que cela… Elle devait me payer pour un deuxième déplacement et une nouvelle audience. Cette profession, définitivement, est ingrate, même avec d'avisés magistrats !

CHAPITRE DOUZE

Incontournables médias

Dès que j'ai eu affaire à la presse, j'ai compris que les rapports seraient directs, voire brutaux, la médiatisation pas toujours choisie. C'était en 1996, alors que j'étais de permanence au tribunal où était déféré le meurtrier de « Marinette », petit bout de femme d'un mètre cinquante née en 1912. Elle avait eu une vie extraordinaire. De résistante pendant la guerre, elle était devenue journaliste en 1948 et ne s'était résolue à prendre sa retraite qu'à soixante-quatorze ans. J'étais commise d'office pour assister devant le juge d'instruction celui qui l'avait torturée – pour une télévision en noir et blanc. J'étais assise sur un banc à côté de lui, qui portait des menottes. Soudain, la porte du couloir s'est ouverte et nous avons été éblouis par un flash, sans préavis ni plus d'information. J'ai le souvenir de notre surprise, la mienne comme celle de mon client. La photo est parue dans *L'Événement du jeudi*[1]. On y voit au premier plan l'individu menotté – ce qui serait interdit aujourd'hui –, je suis à sa droite en robe, mon fidèle Louxor à mes pieds. J'ai gardé le sentiment d'une intrusion, et compris

1. 3 octobre 1996.

qu'en matière de presse la fin justifie souvent les moyens. Rien ne peut arrêter l'information en marche, aujourd'hui moins que jamais. J'ai découvert depuis que cette brutalité pouvait aussi être la marque de l'engagement de journalistes, et rencontré, le plus souvent, de vrais passionnés.

Dossier médiatisé : on ne choisit pas !

Les médias sont impossibles à arrêter quand ils se prennent de passion pour un dossier, parce que le crime, la personnalité de l'auteur ou celle de la victime leur paraissent particulièrement spectaculaires, qu'ils font écho à un problème de société ou révèlent un phénomène nouveau. L'avocat peut ne pas parler, il lui arrive même de souhaiter faire un blocus total de l'information... Mais encore faut-il que le silence soit concerté avec tous les acteurs du dossier. Dans le cadre d'une affaire à Maurepas, dans les Yvelines, où deux retraités avaient été massacrés chez eux, j'étais du côté de la partie civile. Un journaliste m'appelle, et je l'éconduis :

– Il n'est pas question que j'intervienne, l'instruction est en cours.

Il me rétorque :

– L'avocat du mis en examen m'a parlé, le responsable de l'enquête m'a parlé, le parquet m'a parlé...

J'ai donc accepté de parler aussi, mais uniquement de mes clients, de la façon dont ils s'étaient rencontrés, qui ils étaient, en refusant d'évoquer l'enquête, malgré les questions insistantes du journaliste qui tentait d'y revenir sans cesse. À la parution du reportage, j'ai eu la surprise de voir que tous les protagonistes s'exprimaient effectivement, et sur le fond du dossier, sans que quiconque ait trouvé à y redire.

Souvent, les journalistes savent des choses avant nous, et même davantage que nous. Je me souviens de clients arrivés dans mon bureau un matin de bonne heure en tempêtant :

– Il y a un article où on dit que les auteurs ont été arrêtés, et vous ne nous avez pas prévenus !

J'ai foncé au tribunal pour voir la juge d'instruction qui suivait le dossier. Absente la veille, elle rejoignait son bureau et l'ignorait encore elle-même !

La présomption d'innocence n'est pas la règle de droit préférée des journalistes : il leur faut de préférence un coupable, aussi vite que possible, du moins un fortement suspect, en savoir le plus long possible, quitte à aller forcer la porte de la mère de l'interpellé, ou à interviewer quelqu'un qui l'a à peine connu quinze ans plus tôt. Je déplore que les rédactions aient remplacé les chroniqueurs judiciaires, qui viennent aux audiences, écoutent et analysent a posteriori, par des « « faits-diversiers », qui se pressent à chaud sur le terrain en quête de sensationnel. La mode est à l'immédiateté, à l'information continue, mais quand on ne sait encore rien, on peut dire n'importe quoi ! Les réseaux sociaux amplifiant à l'infini les fake news, thèses complotistes et avis illuminés, à défaut d'être éclairés. Cela dit, je ne suis pas de ces avocats qui s'offusquent quand le journaliste lâche un « le coupable » en évoquant un criminel qui reconnaît les faits. Je ne hurle pas au scandale en rappelant que mon client est présumé innocent s'il ne nie pas sa culpabilité et qu'elle ne fait aucun doute. Ce n'est pas le mot qui me choque, mais les répercussions possibles sur le sort du mis en cause. Il faut, pour que l'enquête continue sereinement, que l'impartialité soit respectée autant que possible jusqu'à l'audience.

Ma tolérance s'arrête quand les « fuites » portent préjudice à l'enquête, alors que l'auteur est inconnu et/ou en cavale, qu'on cherche les complicités, que des témoins se terrent ou tentent de le protéger. Tout ce qui filtre peut alors faire écran à la vérité.

Les pires dérives médiatico-judiciaires concernent les personnes plus ou moins célèbres, pour qui l'info est plus urgente que jamais car le public aime brûler ses idoles et corroborer des a priori haineux : « les gens célèbres sont tous déviants », « les gens riches sont tous voleurs », « les politiques sont tous pourris », et, si possible, leurs enfants avec eux. Lorsqu'un nom célèbre est mêlé à une affaire, immédiatement, le cercueil est scellé, avec un déferlement de haine sur les réseaux sociaux. Si jamais il y a un non-lieu, une partie de l'opinion publique est prête à crier au scandale, comme si elle était dans le secret de l'instruction, en particulier dans les affaires de viol ou agression sexuelle. On pourrait croire que le fléau réel de ces infractions dans la population générale n'est pas suffisamment avéré pour qu'il faille en rajouter, avec des noms qui fassent symboles. On est passé de l'impunité des puissants à leur exposition majeure, comme on clouait au pilori dans les temps anciens, mais au moins après un simulacre de procès !

Souvent, des journalistes m'appellent pour entrer en contact avec mes clients, à qui je ne peux ni interdire ni ordonner de communiquer. En pratique, je ne donne jamais les coordonnées de mes clients aux journalistes, je fais l'inverse. À eux de voir s'ils souhaitent ou non prendre l'initiative de donner suite aux sollicitations. Depuis quelque temps, je fais plus simple encore : je demande aux journalistes d'écrire leurs attentes dans un mail que je transmets à mes clients. Les parties ne sont pas soumises au secret de l'instruction, contrairement aux professionnels, et leur volonté de s'exprimer tient à leur psychologie. Certains ne peuvent guérir que dans le silence et le retrait, le recueillement. D'autres ont un message à transmettre ou un sac à vider. Dans le dossier Dominique P., Caroline Darian, sa fille, a éprouvé le besoin viscéral de parler pour alerter sur le risque de la soumission chimique, y compris à domicile. Écrire, puis créer un mouvement contre la soumission chimique, l'a aidée à ne pas s'effondrer[1]. Certaines personnes ont besoin de parler, pour soulager leur peine, la faire partager, rendre hommage à leur disparu. D'autres y sont presque contraints, comme dans l'affaire Daval où l'emballement médiatique a commencé par le mari meurtrier multipliant les appels à témoins, s'exposant éploré. Les parents d'Alexia n'ont pu qu'accepter les nombreuses interviews pour dire leur vérité.

L'intérêt de faire équipe avec les médias est évident quand il s'agit d'un dossier où rien ne bouge, ou bien pas assez vite. J'ai souvent parlé de Jonathan Coulom, dont le tueur est, sans aucun doute selon moi, le serial killer allemand dont on a attendu l'extradition très longtemps. Tous les cold cases ont à gagner d'un traitement médiatique, comme le dossier de Cécile Vallin : plus sa photo circule, plus le contexte de sa disparition est rappelé, plus cela peut raviver les mémoires et délier les langues. La presse est notre

1. *Et j'ai cessé de t'appeler Papa*, *op. cit.* Fondatrice du mouvement « M'endors pas ».

chance pour qu'une victime ne soit pas oubliée, ni par la justice ni par les citoyens.

C'est dans cette affaire que je me suis exceptionnellement laissé piéger. La journaliste nous avait présenté son travail comme un reportage de cinquante minutes sur la disparition de Cécile, en prime time et sur une grande chaîne nationale. Une aubaine ! La jeune femme est allée longuement interroger Jonathan, le père de Cécile, chez lui en Normandie, puis nous a fait prendre le premier TGV du matin à tous deux pour nous rendre à Saint-Jean-de-Maurienne, où Cécile a été vue pour la dernière fois, puis à Chambéry où nous avons rencontré les gendarmes en charge du dossier, puis à Albertville pour interviewer le procureur. En bref, nous y avons consacré la journée, ramenés par les gendarmes à la gare où nous avons attrapé le dernier train de justesse. Nous avions déjà eu le temps de nous rendre compte que la petite journaliste n'y connaissait rien, ni en faits divers ni sur le dossier, et que son ton lors des entretiens n'était pas approprié à la situation. Et quand nous avons vu le reportage… j'ai regretté d'avoir abandonné mes dossiers ! Étaient évoqués cinq cas de disparitions en dix minutes chacun. Elle n'avait gardé que la partie où Jonathan était interviewé chez lui, pas une seule image sur place ! Dans ces cas-là, on se sent bafoué, voire trahi… et on blackliste !

Fidélités et trahisons

Se demander qui sont les journalistes fiables et quels sont les traîtres est une entreprise aussi impossible que de se poser la même question à propos de n'importe quelle profession : il y a les bons et les mauvais, les déloyaux et les fidèles.

On ne peut pas se fier à la réputation de l'organe de presse ou de la chaîne, les journalistes passant au fil d'une carrière de l'un à l'autre. Dans la presse dite sérieuse, je n'ai parfois pas reconnu mes dossiers, alors que dans *Le Nouveau Détective*, je trouvais les procès très sérieusement relatés, même si le titre était sensationnaliste et la rédaction parfois spectaculaire. Nulle magie là-dedans puisque les journalistes du *Nouveau Détective* étaient présents du début à la fin des procès, aux quatre coins de la France. Ils appelaient aussi consciencieusement les avocats et protagonistes, et relataient fidèlement ce qu'ils avaient entendu. Ailleurs, j'ai eu la mauvaise surprise récemment, après des échanges précis et le sentiment d'un travail consciencieux, de lire un article aux antipodes de ce que j'avais déclaré. Je ne me suis pas privée de faire part au journaliste de mon sentiment accablé : un point de vue, c'est une chose, des erreurs patentes pour étayer une thèse, c'en est une autre. Blacklisté !

On redoute toujours, dès que l'on ouvre la bouche, le coup de poignard dans le dos, mais toute relation comporte une part d'aléa et les journalistes qui comptent persévérer dans la spécialité judiciaire n'ont pas intérêt à faire n'importe quoi. Mais tous n'ont pas de bon sens non plus. C'est parfois ce qui leur manque pour comprendre un contexte, de la maturité et de la psychologie. J'ai eu une très mauvaise expérience avec une « espionne », c'est-à-dire une jeune femme qui s'était présentée comme étudiante en journalisme et m'avait dit faire son mémoire sur les tournantes alors qu'on commençait à évoquer le phénomène en 2002 avec l'affaire dite « de la dalle d'Argenteuil ». Je défendais l'un des très nombreux auteurs, embarqué dans cette affaire terrible pour la victime, et avais décliné plusieurs propositions d'interviews. Mais s'il s'agissait d'un travail universitaire, c'était autre chose, d'autant qu'elle m'assurait avoir déjà parlé avec le représentant du parquet. C'était bien le seul point exact. Il s'était fait avoir lui aussi puisqu'elle travaillait en réalité pour un journal local. Je lui avais parlé « cash », comme l'on peut parler entre personnes aguerries au sein de tout milieu professionnel :

– Dans ces histoires de tournantes, la victime se débat au premier violeur, au deuxième, elle pleure, mais quand le dixième arrive le sexe à la main, elle ouvre docilement la bouche, parce qu'elle est sidérée, absente à elle-même, au-delà de la soumission, dans l'effacement. Et pour le mineur, ni finaud ni psychologue, qui n'usera personnellement ni de contrainte, ni de menace, ni de violence ou de surprise, caractériser l'infraction est difficile.

Quelques jours plus tard sortent dans le journal local deux pages « dossier spécial tournantes », et je découvre avec stupeur que la pseudo-étudiante me cite : « Au dixième, la victime ouvre la bouche » !!! J'ai cru ne jamais m'en relever, comme les autres, avocats et procureur, qui ne s'étaient pas méfiés non plus !

En évoquant la honte, je ne peux passer sous silence cette émission, enregistrée « dans les conditions du direct », à laquelle j'avais accepté de participer il y a bien longtemps, dont le thème était « le viol ». Une assistante était venue m'expliquer en loge :

– Il faudrait que vous nous disiez ce qu'il faut faire pour ne pas être violée.

Ça commençait fort… Je lui ai donc expliqué que ce postulat était aberrant et culpabilisant pour les victimes, à croire qu'elles auraient pu ou dû faire quelque chose pour éviter d'être agressées ! Je pouvais en revanche donner des conseils « en cas de viol ». C'est dans cette optique que, sur le plateau, j'ai parlé du FNAEG, à l'époque encore balbutiant, et ai expliqué que des prélèvements devaient être réalisés par un médecin le plus rapidement possible. Après coupures au montage, il est resté cette phrase, dont j'ai réalisé devant ma télé lors de la diffusion l'aberration lorsqu'elle était sortie de son contexte :

– Surtout, il faut porter plainte APRÈS le viol !

Mon mari, près de moi, a commenté sobrement :

– C'est sûr… Avant, c'est plus compliqué.

Humiliée, j'ai voulu disparaître de la surface de la terre. Mais quand on m'a téléphoné le lendemain pour me féliciter pour mon passage, j'ai entendu :

– J'aimais bien ta coiffure !

– Ils t'avaient fait un super maquillage !

– Je vous ai vue à la télé, j'ai appelé mon mari pour qu'il vienne voir mais c'était déjà fini !

Et c'est ainsi que j'ai compris que les paroles s'envolent parfois avant même d'être entendues.

Je n'ai plus jamais eu « peur » de m'exprimer dans les médias. La pression, le trac, je les éprouve quand je plaide, quand j'entraîne le sort d'autres que moi.

Parfois, faute de message à faire passer pour ses clients, il est urgent pour l'avocat de se taire. Le silence est impératif quand on est invité à s'exprimer à chaud sur un sujet brûlant ou un dossier qu'on ne connaît pas. On peut commenter des principes liés à des affaires, comme la réforme sur le harcèlement scolaire, mais pas le dernier suicide adolescent en rapport avec le sujet. Commenter la panthéonisation de Gisèle Halimi, oui, mais pas l'accident de Pierre Palmade. J'ai pu évoquer la question de la soumission chimique quand l'affaire Dominique P. a éclaté, mais pas de détails concernant mes clients. Et je n'ai surtout pas rebondi ultérieurement sur le ou les cold cases potentiellement liés à cet auteur. Des confrères, ou des journalistes judiciaires, seront très heureux de s'exprimer sur l'un ou l'autre de ces sujets à ma place. Je n'ai rien à y gagner, tout à perdre, à commencer par un temps précieux.

Contrairement aux idées reçues, avoir été « vu à la télé » ne rapporte pas de clients. Je demande toujours à ceux qui me désignent comment ils sont venus à moi. En général, c'est par le voisin dont le garagiste a un ami qui etc. Le bouche-à-oreille reste l'outil le plus efficace, et même le seul. Être vue produirait même plutôt l'effet inverse. À me savoir travailler sur des affaires au fort retentissement médiatique, les gens déduisent parfois : « Vous ne faites pas les divorces, j'imagine… ». Si, mais ils ne sont pas dans le journal ! C'est aussi parfois la famille d'un client qui me souffle quand je la croise inopinément au tribunal : « On n'allait pas vous appeler pour "si peu" ! » Mais si, il fallait ! Les clients de proximité et leurs dossiers, c'est le cœur de l'activité du cabinet, plus discrète évidemment. Et quand, pendant quelque temps, vous ne passez plus à la télé, les gens s'inquiètent : « Bah, qu'est-ce qui se passe ? On ne vous voit plus ! ». Mais ma profession s'exerce le plus souvent dans l'ombre.

L'étiquette « vu à la télé » peut aussi attirer quelques inimitiés à l'avocat, notamment de la part de magistrats, voire d'accusés, lorsqu'ils sont en face dans le box, qui lancent : « Ce n'est pas parce que vous passez à la télé que… ». En région, on le sent particulièrement quand on arrive. Toute banlieusarde que je suis, il arrive que je passe pour « l'avocate parisienne », une espèce dont la réputation d'arrogance m'a précédée de plusieurs décennies. Pas toujours à tort concernant les « Parisiens »… Il y a autant de genres d'avocats que de journalistes !

Quand le spectacle prime le débat de fond

J'ai des regrets, dont celui d'un journalisme devenu rare, qui entraîne des révolutions de société et une réflexion en profondeur. Aussitôt après l'acquittement de Lydie Debaine, les médias se sont déchaînés. Comme je suis très réglo, j'ai accepté de parler aux journalistes, dans l'ordre de leurs appels. Le premier étant une station de radio, quand un journaliste m'a invitée au JT, j'ai refusé, m'estimant déjà engagée à la même heure. Mais pendant que j'étais dans le studio de la radio, j'ai eu la surprise de voir des images, sans le son, de la sortie de mon procès, ma cliente et moi à l'antenne, et en plateau un confrère qui commentait le dossier sans même m'avoir passé un coup de fil. Il ignorait que j'avais plaidé que ce n'était pas un crime mais un acte d'amour, il ignorait tout de ma cliente et de son vécu déroulé à l'audience. J'ai eu l'occasion de le croiser un jour, et je lui ai dit :

– La dernière fois que je vous ai vu, c'était pour évoquer l'une de mes affaires !

C'est un confrère sympathique, et peut-être n'avait-il rien dit de préjudiciable, mais il avait contribué malgré lui à une justice spectacle, qui s'attache davantage à l'événement ponctuel et son protagoniste principal qu'au fond.

Je devais protéger ma cliente contre les journalistes, parce que je savais sa douleur et son épuisement. Ils voulaient « du Lydie » en personne, mais lequel abordait le sujet de la fin de vie, de la prise en charge de la douleur, celle de la fille comme celle de la mère ? Personne. L'euthanasie, c'était un baril de poudre, inconvenant, scandaleux, hautement problématique. L'histoire de ma cliente, c'était la mèche. L'acquittement, l'étincelle qui aurait pu mettre le feu aux poudres. Mais au lieu de faire exploser le débat et d'envoyer un signal fort aux politiques, de prendre un recul juste nécessaire pour couvrir l'événement, ils prenaient en photo l'étincelle, mais piétinaient la mèche. J'ai alors eu la quasi-certitude qu'aujourd'hui l'engagement de Gisèle Halimi aux côtés de sa cliente n'aurait pas déclenché une prise de conscience nationale sur un débat de fond, mais que l'on aurait sans doute invité Marie-Claire, la jeune accusée, sur certains plateaux de télé pour commenter sa vie et ses goûts musicaux, elle serait peut-être devenue célèbre via une émission de téléréalité… Je suis amère, mais l'appel du parquet pour Lydie Debaine a été cent pour cent lié à la couverture médiatique du dossier, assez mauvaise pour qu'elle ne porte pas la réflexion mais le seul vent du scandale. C'est très révélateur d'une société où l'on ne s'interroge plus.

Un autre dossier m'a fait réfléchir sur l'intérêt à géométrie variable des médias, dont on pourrait penser qu'ils nous informent de tout ce qui peut arriver de frappant en France. Mais j'ai pu constater qu'est passé sous silence ce que les rédactions jugent inopportun. J'en ai eu un exemple typique, à propos de l'un de mes dossiers les plus « spectaculaires » pourtant.

Le 28 décembre 2000, un petit garçon de quatre ans était au McDonald's avec sa nourrice, et le grand fils de celle-ci quand Olivier T., qui deviendrait mon client, l'avait suivi dans les toilettes. Là, il lui avait sectionné le sexe. Il avait été rattrapé dans le centre commercial, immobilisé et tabassé.

Dans sa poche, le pénis retrouvé du petit garçon avait été aussitôt placé dans la glace, puis l'enfant héliporté avec son précieux appendice. Une greffe miracle avait fonctionné, même si à l'époque du jugement, on ignorait encore si ses fonctions érectiles seraient intactes. Olivier avait bien évidemment été placé en détention.

Jeune homme freluquet, il n'avait aucun attribut du mâle dominant, ni franchement du mâle tout court. Il avait été abandonné sous X à la naissance, ce qu'il n'avait appris que très tardivement. Adopté par des parents un peu âgés dans un village rural, il avait toujours été « décalé », mis au ban par les enfants de son âge, qui se moquaient de son pantalon de survêtement porté avec des mocassins à glands. Ses charitables camarades l'avaient harcelé durant toute sa scolarité et surnommé, entre autres, « Spermatos ». Ce sont ses professeurs, entendus dans le cadre de l'enquête de personnalité, qui avaient rapporté tous ces éléments. Il avait grandi sans sexualité active, après avoir été abusé lui-même quand il avait sept ou huit ans avec ce message pour le faire taire : « Si tu parles, je te le coupe. » Il était resté focalisé sur l'organe, un « pédophile atypique », comme l'avait décrit un expert, non agissant, quasi psychotique. Il n'avait pas à proprement parler manqué d'amour, mais il n'était jamais monté dans le train des adultes ni dans celui des jeunes de sa génération. Je m'appliquais à tenter de l'empêcher de sombrer totalement alors qu'il se trouvait en prison.

La voiture d'Olivier avait été retrouvée garée sur le parking du centre commercial, saisie et envoyée en fourrière. La juge nous a convoqués pour y effectuer une perquisition, au cours de laquelle on a découvert un petit cartable contenant des notes sans intérêt mais aussi des dessins d'un sexe posé dans une assiette, d'un autre sous une guillotine, etc.

Je m'inquiète pour mon client quand on découvre dans le vide-poches de la portière latérale côté conducteur une minicassette. La juge lui demande :

– C'est quoi ?

Olivier répond :

– C'est là que je dictais mon agenda pour mon travail...

Elle la saisit comme le reste et m'annonce :

– Je vais l'envoyer pour exploitation à la PJ.

Quelques semaines plus tard, je suis convoquée avec mon client dans son bureau pour un interrogatoire. Elle m'appelle juste avant :

– Si cette cassette est vraiment son agenda et n'apporte rien, je ne vais pas demander aux enquêteurs de tout me retranscrire, on va l'écouter pendant l'interrogatoire. Auriez-vous un dictaphone à me prêter pour l'occasion ?

J'accepte sans problème.

Avant de rentrer dans le bureau du juge, je vois mon client un quart d'heure dans une petite pièce attenante et lui dis :

– On va écouter cette cassette, est-ce que tu es tout à fait tranquille avec ça ?

– Oui, oui, me répond-il timidement.

Si timidement que je m'angoisse.

– Olivier, il y a quoi sur cette cassette ? Il faut me le dire...

– Rien, c'est pour mon travail, juste un agenda...

Je reste avec un gros doute et sors le dictaphone de mon sac :

– Regarde-moi, tu vois ce dictaphone ? Dans un quart d'heure, on écoute la cassette ensemble, il faut vraiment que tu me le dises, s'il y a quelque chose...

– Nan, nan...

Il était pathétique, un vrai gosse qui faisait pitié tant il était mauvais dissimulateur.

Quelques minutes plus tard, la juge introduit la cassette dans l'appareil et on entend la voix d'Olivier. On comprend qu'il est dans sa voiture et parle à son dictaphone comme si c'était quelqu'un :

– Il n'y a plus qu'à toi que je peux parler, me confier, alors voilà… Tout à l'heure, j'étais à la piscine, il y avait un petit garçon, on voyait son zizi à travers son maillot… Alors je l'ai suivi et je l'ai espionné sous la porte quand il s'est changé…

Je suis tétanisée : « Qu'est-ce qui va suivre ? Jusqu'où ça va aller ?! Que va-t-on apprendre ? » Et puis Olivier confie à son dictaphone que c'est mal, qu'il ne faut pas y toucher, il le formule… Et résiste à ses pulsions. Cette audition est un moment d'immense stress, ses paroles sont accablantes.

Olivier explique ensuite à la juge d'instruction qu'il est allé voir un psy, à qui il a confié ses attirances mêlées de dégoût, de fascination, ce marasme psychique qui le déchire. Le psy lui a rétorqué :

– Je vous arrête tout de suite, sinon il va falloir que je vous dénonce.

Alors il n'y est jamais retourné. Il a parlé à son dictaphone, seule « personne » à pouvoir l'écouter. Il avait même tenté de se couper son propre sexe. À la reconstitution, il portait un gilet pare-balles, parce que le fils de la nourrice, entre autres, voulait le tuer. Olivier était complètement dépassé, honteux, perdu…

En détention avant son procès, en pleine remise en question, il a demandé à consulter le fichier national pour retrouver ses origines, mais il fallait se rendre sur place, alors j'ai dû y aller pour lui. Dans son dossier d'abandon, il n'y avait strictement rien, pas la moindre information. Même l'employée qui me l'a donné m'a confié que c'était rare qu'il n'y ait rien à ce point-là. Il était très déçu.

Ce dossier devait venir aux assises alors que j'étais enceinte de mes jumeaux, alitée à l'hôpital avant terme. J'avais négocié avec les médecins de pouvoir sortir pour plaider quand mon bâtonnier, informé par une infirmière inquiète pour moi, a pris contact avec la cour d'assises et le confrère de la partie civile pour obtenir le renvoi. Il a été ordonné envers et presque contre moi parce que je ne voulais pas différer.

En préparant l'audience, j'ai repensé à cette cassette, que je ne pouvais pas réécouter, puisqu'elle avait été replacée sous scellés. Mais aussi terrible qu'en soit le contenu, il n'en était pas moins un moment d'authenticité pure, révélateur des tourments d'Olivier et de sa solitude abyssale. On y percevait toute sa souffrance, pas l'exultation du sadique, mais un isolement insondable.

À la cour d'assises, tout au long des débats, je pouvais lire sur le visage des jurés toute la répulsion qu'ils éprouvaient pour mon client. La famille de l'enfant était brisée, le couple parental avait divorcé, la nourrice avait fait une dépression, et renoncé à garder des enfants. Quant à Olivier, on aurait aimé le haïr tout à fait, même si c'était au fond plus compliqué que cela. On m'avait rapporté qu'en sortant du palais de justice un soir, les jurés avaient été entendus parler entre eux :

– On ne voit pas comment ne pas lui mettre le maximum…

Mal partis comme nous l'étions, j'ai fait un choix. J'ai demandé à l'audience que l'on écoute des extraits de la cassette. Le président m'a lancé :

– Maître Richard, vous êtes sûre ?
– Oui.

C'était aussi dans ces mots que se trouvait la vérité, et il n'était pas question de laisser dans l'ombre cette face torturée de mon client, qui valait mieux que les faits qu'il avait commis.

L'avocat général a requis trente ans de réclusion criminelle, dont vingt ans de sûreté. Olivier a été condamné à vingt ans, dont treize ans de sûreté. Les juges et jurés avaient finalement décidé qu'il ne méritait pas le maximum.

Avant l'audience, des journalistes s'étaient rapprochés de moi pour évoquer l'affaire. Une journaliste du *Nouvel Observateur* qui voulait couvrir le procès s'interrogeait sur la sacralisation du phallus, l'angoisse de l'émasculation, le retentissement d'un tel acte dans la société. Mais ses supérieurs ont fermement refusé : « Trop sordide. » Il s'est passé la même chose dans les autres rédactions. Quand une petite fille se fait mutiler ou violer, sa sexualité aussi est mise à mal et souvent brisée pour la vie, mais les médias en parlent. Une verge abîmée, ça reste tabou.

En prison, Olivier a suivi une thérapie, assidûment. Il avait « gagné » le droit de se confier… Il m'a écrit pour me remercier et, de sa petite écriture fine et appliquée, a tracé ces mots : « Vous me connaissez comme personne, et vous m'avez compris mieux que je n'y arrivais moi-même. »

Il est sorti aujourd'hui, sans plus jamais faire parler de lui.

Les duperies médiatiques

Les journalistes donnent naturellement la parole à tous les comités de soutien qui se créent ou presque. Chaque accusé a son « fan club » sur les réseaux sociaux, jusqu'au moment où la culpabilité est un peu trop évidente. J'ai vu des comités de soutien à Jamel Leulmi, le tueur des assurances-décès dont j'avais défendu une victime, au chien mordeur de l'affaire Pilarski, et j'en vois régulièrement éclore dans chaque affaire dont j'ai connaissance par la presse. Je me suis davantage agacée quand l'opinion publique a refait le procès de Jacqueline Sauvage après ses deux condamnations à dix ans de réclusion pour le meurtre de son mari. Parce qu'il était urgent d'ouvrir le débat sur les violences conjugales, ce à quoi je souscris totalement, elle est devenue en quelque sorte l'emblème du martyr conjugal, ce que je trouve moins légitime.

Mon propos n'est pas de m'ériger « contre » Jacqueline Sauvage mais contre un modèle d'emballement médiatique dangereux, qui lui a permis de bénéficier des feux des projecteurs, conduisant François Hollande à lui accorder la grâce totale en 2017, cinq ans après le crime, six mois avant des présidentielles où il est de bon ton de rendre son parti populaire, même si on ne se représente pas. Sauf qu'en statuant sous la pression de la rue pour s'attirer les faveurs de l'électorat, il a oublié qu'il désavouait le peuple français qui l'avait jugée et condamnée, par deux fois. Du temps où le verdict des assises n'était pas susceptible d'appel, ou pire encore, du temps de la condamnation possible à mort, la mansuétude présidentielle pouvait se comprendre. Ce n'est plus le cas, et si l'on réexamine les dossiers en faisant fi du peuple au vu du nombre de likes sur les réseaux sociaux, on peut alors regretter que tous les condamnés ne bénéficient pas de la même cote de popularité et de l'éclairage bienveillant des médias. Dans cette affaire, la presse n'a pas cherché à éteindre le feu, une partie des rédactions a même cherché à souffler dessus. Et le résultat est injuste.

Dans une affaire, la presse a toujours un présupposé, cavalant parfois comme des moutons de Panurge dans un sens, puis dans l'autre si elle s'est d'abord trompée, mais aussi si c'est plus payant médiatiquement. Rien n'a été plus typique à ce titre que l'affaire Colonna, qui était « l'assassin sans l'ombre d'un doute » selon les médias, jusqu'au moment où il a été arrêté, et où Nicolas Sarkozy a prononcé cette phrase : « Nous avons arrêté l'assassin du préfet Érignac. » Cette déclaration a, paradoxalement, entraîné un contre-feu médiatique, reprochant, à juste titre, au ministre de l'Intérieur de violer la présomption d'innocence. À partir de ce moment, pour tenir les gens en haleine, rien de tel qu'un : « Et si ce n'était pas lui ? ».

Pour connaître le dossier, avoir participé activement aux cinq procès dont trois consacrés à Yvan Colonna, et avoir entériné la vérité judiciaire, je n'ai aucun doute sur le fait qu'il était bien l'assassin du préfet. Mais je lisais, effarée, des kilomètres d'inepties sur le thème : « Il n'y a pas de téléphonie et pas d'ADN », dans certains comptes rendus d'audience qui ne relayaient ni ce qui s'y était dit ni ce qui s'y était compris. J'ai un jour interrogé un journaliste de la presse judiciaire à cette occasion : « Pourquoi monter en épingle les chiffons rouges agités par la défense pour faire manifestement diversion ? » La réponse a fusé : « Si on dit tout de suite qu'il est coupable, tout ce procès n'a plus d'intérêt. » L'art du spectacle…

Toujours à propos de Colonna, j'ai aussi été exaspérée de lire après son assassinat en détention en mars 2022 : « Colonna a été tué par l'État ». Non. Colonna a été tué par l'islamisme radical, et ce n'en est pas moins alarmant. L'art du titre de presse…

Procès filmés : une riche idée !

C'est à cause de tous les égarements possibles de l'opinion publique, entre autres raisons, que je suis favorable aux procès filmés évoqués par le garde des Sceaux Éric Dupond-Moretti, ancien pénaliste qu'une longue carrière a sans doute éclairé sur le hiatus entre les audiences et leur compte rendu médiatique ou leur ressenti dans l'opinion. Le principe dans notre droit positif est que la justice est publique et rendue au nom du peuple français. Le corrélatif de ce principe est la publicité des débats, assurée aujourd'hui par les portes des salles d'audience qui doivent être tenues ouvertes. Or, les places manquent parfois dans la salle, ce qui entraîne, de facto, un « tri » à l'entrée… Les comptes rendus d'audience, rédigés par les professionnels que sont les chroniqueurs judiciaires ou par ceux qui ont pu assister aux débats, sont parfois partiaux ou au moins analysés via un prisme personnel. Permettre à tous d'assister aux débats, c'est permettre à chacun de se faire une opinion. Au XXIe siècle, on pourrait imaginer une plateforme dédiée qui permettrait d'entrer virtuellement dans n'importe quelle salle d'audience du pays, assister à une audience en direct. Mettre la justice à la portée de tous, tout le temps.

On m'objectera que la justice n'est pas de la téléréalité : l'Assemblée nationale non plus ! Ses débats en sont pourtant filmés. La téléréalité, c'est créer des personnages pour combler le vide abyssal d'un contenu. On pourrait craindre que des acteurs du monde judiciaire viennent y faire leur show, mais ceux qui s'y risqueraient deviendraient vite ridicules, comme ceux qui ne connaissent pas leur dossier ou la matière traitée. La captation et la diffusion des débats permettraient plutôt selon moi le retour d'une certaine tenue, d'un respect réciproque des différents intervenants du processus judiciaire et d'une reconnaissance de la qualité du travail de certains.

Les affaires judiciaires ne feraient pas davantage le jeu des réseaux sociaux qu'actuellement. On peut même y constater que moins les gens en savent, plus ils s'expriment, élucubrent, projettent, divaguent. Le buzz est quasi proportionnel au manque d'informations ! Dans certains de mes dossiers, il me faudrait des heures pour rétablir une part de vérité. Tout le monde ne deviendrait pas forcément pertinent, mais on limiterait probablement les délires et leur partage viral. La transparence des preuves rapportées contre l'accusé et des moyens de sa défense est le meilleur combat contre les nuisances des rumeurs infondées. Bien sûr, les procès pour lesquels le huis clos est prévu par la loi, pour les auteurs mineurs ou lorsque les victimes le sollicitent, feraient exception à la retransmission. Quant au droit à l'oubli des visages, qui serait bafoué par un film, il relève déjà de l'illusion. Tout le monde serait capable de reconnaître les déjà célèbres Jonathann Daval et Francis Heaulme, et la quantité malheureusement énorme des autres en rendrait la mémorisation finalement plus difficile.

C'est sur le terrain que j'ai forgé ma conviction de l'opportunité de filmer les procès. À Brazzaville, je suis intervenue dans un très gros dossier de crimes contre l'humanité qui soulevait toutes les passions. On craignait que le verdict, quel qu'il soit, puisse entraîner des émeutes, voire une nouvelle guerre civile. Il a été fait le choix courageux de retransmettre l'intégralité des débats en direct à la radio et à la télévision. Il en est résulté quelques échauffourées d'un public frustré par le nombre de places limitées dans la salle le premier jour d'audience, puis une paix sociale absolue. Tous les citoyens pouvant suivre l'audience en direct, le verdict a été compris et accepté. Dans un procès aussi édifiant que celui de *Charlie Hebdo*, la richesse des débats en matière de liberté, d'engagement, de lutte contre le terrorisme et l'obscurantisme, me semble aujourd'hui d'utilité publique. Le procès a été enregistré, mais ne sera diffusable que dans cinquante ans. Dommage. C'est maintenant qu'il serait salutaire de pouvoir en faire visionner des passages dans les collèges, les lycées, et pourquoi pas, certains dès l'école primaire. La société a tout à gagner des procès diffusés, plus encore quand ils sont exceptionnels.

De la même façon que je me présente comme l'avocat *next door*, j'appelle de tous mes vœux une justice *next door*, respectable et respectée, et à la portée de tous, car elle est au sens strict rendue par les citoyens, pour les citoyens. Chacun d'entre nous peut être amené à franchir un jour les portes d'un palais de justice. Ce n'est pas désacraliser la justice que d'y familiariser ceux qui peuvent y avoir affaire un jour. Plus une société est informée, plus elle est éclairée. À l'heure où le complotisme prospère et où ceux qui s'informent sur les réseaux sociaux n'ont plus aucun moyen de distinguer le vrai du faux, il est urgent d'exposer les courants et les dangers de la société. Le droit est une vertu magnifique lorsqu'il s'attache à servir l'humanité.

Épilogue

Si l'amour des miens me porte, je suis souvent épuisée physiquement et exténuée psychiquement. Ma profession me permet de me sentir utile, et je n'aurais pas envisagé ma vie autrement, mais elle est aussi un facteur de frustration énorme. Depuis trente ans on m'appelle « Maître » et pourtant le plus difficile est toujours de devoir me résigner à être dans l'impossibilité de tout maîtriser, quels que soient mon travail, mes efforts, mon implication, ma transpiration et mon inspiration. Lorsque le rouleau compresseur du système judiciaire écrase tout sur son passage, je suis en première ligne.

Mais le temps qui passe m'a permis de découvrir que, parmi les clients qui me donnent de leurs nouvelles, ceux qui n'ont pas obtenu des tribunaux une réponse que j'estime acceptable ont poursuivi leur vie, se sont reconstruits, en s'appuyant parfois même « contre » l'injustice pour se bâtir, plus résilients et plus forts qu'avant.

La justice des hommes est absolument essentielle pour réparer les vies, mais n'est ni unique ni omnipotente. C'est toujours en eux-mêmes que mes clients ont trouvé la lumière. J'essaie de ne jamais l'oublier.

REMERCIEMENTS

Merci à Catherine Siguret, qui est venue me voir en me disant : « J'aime beaucoup ce que vous faites, si on écrivait un livre ensemble ? », pour son talent et sa patience. En acceptant, je ne m'imaginais pas dans quelle aventure je m'embarquais, mais je ne pouvais pas deviner à quel point nous deviendrions complices !

Merci aux Éditions Albin Michel, qui nous ont suivies et accompagnées dans ce projet de livre, et à Gilles Haéri qui nous a fait confiance.

Merci à mes parents à qui je ne dois pas seulement la vie, mais aussi tout ce qu'est devenue ma vie, grâce aux valeurs qu'ils m'ont transmises et à leur soutien incroyable et quotidien.

Merci à mes enfants qui sont mes plus merveilleuses victoires, tellement différents et tous les trois extraordinaires. Ils ne peuvent pas imaginer l'amour inconditionnel et infini que je leur porte, ni à quel point mon âme se gonfle de bonheur lorsque je pense à eux.

Merci à mes amis d'être là, qui acceptent depuis trente ans mes imprévus et mes impondérables, ma disponibilité de cœur mais mon indisponibilité temporelle chronique.

Merci à mes assistantes et mes collaborateurs qui supportent mon épuisement, mes angoisses, et me permettent parfois de respirer un peu.

Merci aux magistrats qui s'investissent dans leur mission difficile et avec des moyens qui diminuent comme peau de chagrin.

Merci aux greffiers qui participent, dans l'ombre, et dans des conditions difficiles, à l'œuvre de justice.

Merci aux enquêteurs, sans qui il n'y aurait pas d'affaires résolues, pas de justice, pas d'avocats.

Merci aux journalistes qui sont toujours motivés et sur le pont, d'où tiennent-ils cette énergie ?

Merci à Anne Padzunass, Élisabeth Lebon et Laurence Loiret pour leur relecture.

Et merci à tous mes clients, qui depuis trente ans m'ont fait confiance, ils ont tous une place dans mon cœur qui contient heureusement plus que ma mémoire.

Je vous aime tous, différemment mais indiscutablement. Parce qu'il y a des choses qui ne se discutent pas !

Table des matières

Retrouvez toute l'actualité des éditions Albin Michel
sur notre site albin-michel.fr
et suivez-nous sur les réseaux sociaux !
Instagram : editionsalbinmichel
Facebook : Éditions Albin Michel
Twitter : AlbinMichel

Composition : IGS-CP
Impression : CPI Firmin-Didot en décembre 2023
Éditions Albin Michel
22, rue Huyghens, 75014 Paris
www.albin-michel.fr
ISBN : 978-2-226-47631-9
N° d'édition : 25086/01 – N° d'impression : 177023
Dépôt légal : janvier 2024
Imprimé en France